Expressive
Arts Therapy

現場で活用する
表現アートセラピー
の実際

Kyoko Ono
小野京子 編著

誠信書房

はじめに

表現アートセラピー（Expressive Arts Therapy）は、絵やダンス・ムーブメント、声や音楽、ドラマ、詩や物語など、すべてのアート表現を使う統合的な芸術療法です。アートセラピー（ビジュアルアートを用いるもの）、ダンス・ムーブメントセラピー、ミュージックセラピー、ドラマセラピーなどが誕生した後、すべてのアート表現を用いる療法として一九七〇年代のアメリカで誕生しました。ショーン・マクニフ、パオロ・クニル、ナタリー・ロジャーズなどがこの療法の創設者とされています。私はこの療法と出会ってから三〇年以上経ちますが、今も魅了され続けています。

これからの時代、芸術療法や表現アートセラピーが果たす役割はとても大きいと思っています。子どもから高齢者まで幅広い年齢層に対して用いることができますし、言葉で語れないこと、語り尽くせないことを芸術療法は、受け止めることができます。

そして芸術療法は、無意識との接点を比較的容易にもつことができます。これは注意する点でもありますが、無意識や潜在意識の可能性を活性化する上でとても素晴らしい利点をもっています。

今回表現アートセラピストである四人（小野京子、笠井綾、ジョーンズ美香、濱中寛之）が、表現アートセラピーとの出会いや、どのように現場で実践しているかをまとめました。四人がそれぞれどのように表現アートセラピーと出会い、実践しているかを知っていただき、表現アートセラピーの分野自体に興味をもつ人が増え、理解が深まり、学ぶ人が増えることを望んでいます。

私たち四人はともにアメリカで表現アートセラピーを学びました。笠井綾さんはアメリカで表現アートセラピーを実践した後に帰国し、現在日本で教鞭をとっています。ジョーンズ美香さんは、アメリカで表現アートセラピーを実践後、日本でも表現アートセラピーを実践、その後またアメリカに戻り、トラウマ治療に特化した表現アートセラピーを行っています。濱中寛之さんはアメリカでのトレーニングを終えて帰国し、日本の精神科病院等で長く表現アートセラピーの実践を行い、大学で表現アートセラピーを教えています。私、小野京子は、アメリカで表現アートセラピーのトレーニングを受けた後、日本のさまざまな場でパーソンセンタード表現アートセラピー（以下ＰＣ表現アートセラピー）を実践し、表現アートセラピー研究所を設立し、大学等で教えてきました。小野と濱中はともに、表現アートセラピー研究所でＰＣ表現アートセラピーのトレーニングを提供しています。

用語の使い方についてですが、英語表記では、芸術療法は、Arts Therapy、表現アートセラピーは、Expressive Arts Therapy となります。ジョーンズ美香さんと笠井綾さんは、表現アーツセラピーという用語を好んで使います。小野は、表現アートセラピーという用語を使っています。表現アートセラピーという用語自体は、小野が表現アートセラピーを日本で実践し始め、ナタリー・ロジャーズの本を訳す時に作ったものです。本書では表現アートセラピーに用語を統一しました。

小野は、精神科領域、高齢者、学校などでこの療法を行ってきました。この療法は、それぞれの対象に効果がありますす。ただし対象によって異なるアプローチやエクササイズを用いる必要があります。その点についても本文で解説しました。

最近小野は、健康な自我をもつ人たちへもっとこの療法を提供したいと考えています。なぜもっと一般の人へ提供したいかというと、そのニーズが高いと考えるからです。自分の個性を知り、自分がどのように生きたいかに悩む人が多いと感じています。そしてもっと生き生きと自分の人生を生きたいと思っている人も多いなか、その方法がわからなくて困っている方を多く見かけます。私は、表現アートセラピーの特徴を一つあげるとすれば、「人を生き生きさせるもの」と考えています。

最近の研究では、さまざまなアート表現がトラウマ治療や発達障害の支援などに効果があり、脳の変化も認められるという研究結果が出ています（Malchiodi, 2020）。

私の章では、表現アートセラピーとはどんなものなのか、その歴史と理論、対象によるエクササイズの使い分け、そしてなぜこれからの社会で表現アートセラピーが役立つのかを述べたいと思います。またアート表現を教育の中に生かす取り組みについても述べます。私が実践する表現アートセラピーは、パーソンセンタード表現アートセラピーというロジャーズ派の療法です。その特徴、哲学についても述べていきます。

笠井綾さんは、カリフォルニアでの表現アートセラピーの実践について、アジアでの平和教育に表現アートをどのように用いるかについて述べています。ジョーンズ美香さんは、アメリカ東部で実践している、トラウマに特化した表現アートセラピーの実践やその方法について説明し、濱中寛之さんは、日本の精神科病院で表現アートセラピーをどのように実践しているかについて詳しく述べています。

本書から表現アートセラピーの広がり、最近の発展、そして臨床における活用方法について、多くの人に理解していただけたらと願っています。

目次

現場で活用する表現アートセラピーの実際

第1章 表現アートセラピーの広がりと実践

小野京子

私はアメリカで表現アートセラピー（Expressive Arts Therapy）を学んだ後、日本の短大や専門学校、大学、大学院の授業で表現アートセラピーを教えてきました。また表現アートセラピー研究所を設立し、表現アートセラピーや芸術療法の講座、ワークショップやトレーニングを提供してきました。そのかたわら臨床心理士として、一般病院、精神科のクリニック、中学校、企業（大手銀行）等で仕事をしてきました。さまざまな場所でカウンセリングやグループ療法を提供し、メンタルヘルス研修等を行いました。すべての場面で表現アートセラピーを使ったわけではありませんが、精神科クリニックで表現アートセラピーを提供したことに加え、心理的に健康な人々に表現アートセラピーを提供する機会を多くもちました。それらの現場で表現アートセラピーが人々の気づきを促進し、心とからだを癒すことをたくさん目にしてきました。その体験から現在は、心理的に安全な場で提供されるアート表現の力を深く確信しています。

これからの時代は、自分の個性を認め、開花させることが大切な時代になると思っています。そのためには自分の内面との対話、自分の中から外へと発信することが重要と考えます。外の世界や周りの人に合わせるのではなく、自分の内側から生まれるものを外の世界に伝えていく、その重要性がいまや多くの人に認識されています。表現アートセラピーや芸術療法はそんな時代の要請に貢献できる手段だと考えます。なぜならアート表現は、自分を知ることを助け、内面との対話を促進するからです。

私が用いる「表現アート」と「表現アートセラピー」の用語の区別ですが、心理臨床という場面で、訓練されたセラピストがセラピーとして行うのが、表現アートセラピーであり、それ以外の場で行うのを表現アートと定義しています。例えば教育の中やリクリエーション、コミュニティでのイベントなどで、セラピーという枠組みで用いるのではなく、楽しく自分を発見し、人との交流のためにアート表現を用いる場合を、「表現アート」と私は呼びます。

I　アートとは

アート表現はもともと、人を生き生きさせる活動です。アート表現をしている時は、ふだんの悩みを忘れ、頭で考えることから離れ、無心になって自分の感覚や感情と触れています。絵を描くことで言えば、何色を使いたいか、塗りつぶしたいのか、優しく塗りたいのかなど、すべてのアート行為が自分の内面、感覚や感情と関わっています。どんな表現をしてもそれに間違いはありません。どんな自分であっても、出てくる表現を批判せず受け止めていくと、心のエネルギーが増していきます。

アートは、小説にしろ、絵にしろ、音楽、踊り、演劇、映画にせよ、人の苦しみ、喜び、素晴らしさ、悲しみ、怒りなど、人の体験するすべてのものを表現することができます。アートはとても器が大きくて、人間体験のあらゆるものを受け止めてくれます。ポジティブなことだけでなく、ネガティブなこと、すべての体験をアートで表すことができます。ネガティブなこと、悲惨な体験もアートの器に収まり、表現されることで浄化が起こると私は考えています。アートという器に収められることで、たくさんの人がそれを鑑賞して味わうことを可能にします。あたかも生の食材が料理され、お皿に盛られて目の前に出される感じです。

アート表現をしている人の側から見ると、アートは五感を使い、手やからだを使います。私たちの全存在が関わります。つまりそれは体、心（感情）、頭（知性）、スピリット（魂）、すべてを使う行為です。

アーティストや作家は、忙しく生活している私たちが見逃しがちな、大切なものを思い出させてくれます。作家の小川洋子氏が、「私は人類の一番後ろから歩いていきます。そして人類が落としていく大切なものを拾って小説を書きます」とメディアで語るのを聞きました。

そして人の魂にとって、歌ったり、踊ったり、表現することは、思う以上に大切なことに思えます。人が生き生きと生きる上で、アートは、水や食べ物と同じように必要なものかもしれません。生きる上での養分を与えてくれるのです。

アート表現をしている時は、ふだんの意識とは違い、心の深層に触れています。そして簡単に言うと意識が「いま、ここ」に集中している状態です。瞑想の状態とも似ています。悩みを忘れている状態でもあります。そして言葉を超えた表現（絵やダンスなど）をする時には、イメージやシンボルも関わり、潜在意識とつながります。どんな絵の具をどこに塗ろうかと思う時に、なんとなく次は何色で、ここに塗ろう、と思うわけです。直感や感覚を使っています。頭ではっきり理論的に決めているわけではありません。この状態が心の深層と交流していることになります。

そして「いま、ここ」にいる状態は、過去を思い煩わず、未来に不安を抱いていません。この状態は心理療法の目指すものです。何か悩み事があったとしても、アート活動をしている時にはそれを忘れられます。その時に悩みや抱えている問題と適度の距離ができます。よいメンタルの状態とは、悩みや不安があっても、それに飲み込まれない状態のことです。表現アートセラピストのキャシー・マルチオディも最近の本の中で同様のことを述べています（Malchiodi, 2023）。

そしてアート表現で自分の内面を表す場合、自分との対話が生まれます。表現することで自分とつながり、自分の今感じていること、やりたいことがわかってきます。それを表現で外に出す時に、世界とつながります。

アート表現の中で自分を知り、対話していくうちに本来の自分が開花していきます。パーソンセンタード表現アートセラピー（以下PC表現アートセラピー）では具体的な絵ではなく、抽象的に色と線で絵を描くことが多いのですが、抽象的な絵は、見方によっていかようにも見えてきます。例えば自分のそのような絵と対話すると、次のようなことが起こります。「自分は暗い人間」、と思っているとします。そして暗い色調の絵を描いたとします。よく見ているとそれが深い森に見えてきます。そして森の中に小さな家のようなものが見えます。それを見ているうちに、自分は森の中に安心して暮らしている、と思えてきます。でも少し寂しい。森を出て世界を見てみようかと思うかもしれません。森を出ていくと、いろいろな人に出会い、冒険が始まり、自分の能力を使って困難を克服する物語が始まります。PC表現アートセラピーではアート作品から物語を書くことも行います。

アート表現をすることで自分の中の豊かさや可能性に触れ、癒されていくプロセスが展開します。「自分は暗い」と思っていたところから、自分の中の他の気持ちや「豊かさ」に気づき、自分の才能に気づき、それを使って社会に貢献したくなる、という変化が生まれます。

Ⅱ　表現アートセラピーとは

表現アートセラピーは、さまざまな芸術療法の一つであり、一九七〇年代のアメリカで誕生した、絵や粘土、ムーブメントやダンス、音楽、ドラマ、ライティング（詩や物語）等をすべて用いる統合的な芸術療法です。表現アートセラピー成立の記念碑的な出来事となるのは、一九七四年にショーン・マクニフとパオロ・クニルが、ボストンのレスリー大学で表現アートセラピーの修士課程をスタートさせたことです。さらに一九八四年にはナタリー・ロジャーズがカリフォルニアでパーソンセンタード表現アートセラピー研究所を設立し、ＰＣ表現アートセラピーのトレーニングをスタートさせました。一九九四年に国際表現アートセラピー学会が設立され、表現アートセラピストの認定を始めました。

私は一九八〇年代後半にナタリー・ロジャーズに師事し、前述したようにＰＣ表現アートセラピーというロジャーズ派の表現アートセラピーのトレーニングを受けた後、日本で三〇年以上にわたりＰＣ表現アートセラピーを実践研究しています。

表現アートセラピーという分野ですべてのアート表現を用いるのには、理由があります。現代ではそれぞれのアート表現が専門化され、絵などの芸術作品は美術館で見る、音楽はコンサートホールで聴くなど、それぞれのアート媒体が別々のところで鑑賞され、展示されています。昔の時代に遡れば、それぞれのアート表現がより密接に結びついて、刺激し合っていたと考えられます。例えば昔のお祭りでは踊りがあり、歌があり、衣装や装飾品などすべてのアートが混ざり合いながら、それらすべてが人々の体験を高めていました。それぞれのアート表現が支え合い、刺激し合うという場が今より多くありました。現代においてもミュージカルやオペラなどでは、歌やドラマ、舞台芸術や装飾、衣装など多様なアート表現が融合しています。表現アートセラピーという分野の創始者や実践者は、それぞれのアート表現を昔のように、よりダイナミックに用いたいと考えているのです。そしてすべての表現から得られる体験や気づきを活用したいと考えています。

すべての表現を使うということは、私にはとても自然なことに思えます。幼稚園の頃、私たちは、絵を描き、からだを動かし自分を表現し、キャラクターになりドラマ表現をして、自作の歌を歌い、遊びました。いつの間にか私たちはいろいろな表現をすることを忘れてしまいましたが、本当はとても自然なことだと思います。子どものセラピーを考えると、それはプレイセラピー（遊戯療法）と呼ばれ、すべての表現を用います。

また私自身は表現アートセラピーには魂という視点があると考えています。今までの伝統的な心理学や心理療法では、ユングは別として魂という視点をその概念に入れていませんが、表現アートセラピーの分野、特に私が学んだロジャーズ派のＰＣ表現アートセラピーではスピリチュアリティという視点を大切にしており、魂という視点が組み込まれているように思います。

ナタリー・ロジャーズは、彼女が作ったトレーニングコースにおいて、参加者がスピリチュアルな体験を多くもったと述べています。愛や感謝に満たされる、宇宙との一体感などの体験です。それはナタリーが予期してなかったことでした。もともとナタリー自身はスピリチュアリティを大切にした人ですが、特にトレーニングでスピリチュアリティの体験を意図したわけではありませんでした。それにもかかわらず、そのような体験をする人が多かったことで、このＰＣ表現アートセラピーのワークは、スピリチュアルな体験をもたらす傾向があると述べています（Rogers, 1993）。ＰＣ表現アートセラピーは、スピリチュアリティも含めた、心（感情）、体、理性（頭）のすべてを包括するホリスティックな療法です。

ナタリーの父であるカール・ロジャーズも、晩年スピリチュアルな体験に関心を寄せていました。また表現アートセラピーの創始者の一人であるマクニフは、表現アートセラピーはソウルワークであると述べ、シャーマンの仕事との類似性に言及しています。マクニフは太古の昔、さまざまなアート表現が統合的に用いられていたと考え、現代でもシャーマンのように共同体の中で魂に届くような体験を人々に与え、昔のアートの力を復活したいと述べています（McNiff, 1981）。

ナタリーの著作の中に、「土着の民族によれば、人が歌うこと、踊ること、物語、そして沈黙を忘れると、魂を失う」とあります（Rogers, 1993）。人間存在にとって歌や踊り、物語などのアート表現や瞑想は、生き生きと生きる上での生命力や魂の力と密接に結びつくものではないでしょうか。アートは、趣味や余暇活動を超えたより本質的なもので、人々にとって必須なものだと私自身確信しています。

私も表現アートセラピーと出会う前は、アートは才能あるアーティストが表現し、一般大衆はそれを鑑賞する存在だと思っていました。表現アートセラピーを学び、体験してからは、誰にとってもアート表現は生きる活力をもたらし、自分を知り向上させるものだと考えるようになりました。そのような経緯を経て、ＰＣ表現アートセラピーは、体、心、知性、スピリチュアリティなど人間存在全体に及ぼす効果を志向していると私は考えます。

また私自身は、心理療法的な立場をとり、アート表現を通して自分の内面と向かい合い、心の傷を癒しながら、創造性や直観などを高め、自分のリソースを活用するという方向性をもっています。芸術療法一般に言えることですが、表現アートセラピー分野の中でも心理療法的立場（アートサイコセラピー art psychotherapy）と、アート表現のもつ治癒力自体や美的体験を重視する流派（アートアズセラピー art as therapy）があることを申し添えておきます。アートアズセラピーはアート活動そのものが癒しになると考え、アートサイコセラピーでは心理療法の枠組が大切と考えます。詳しくは別著『癒しと成長の表現アートセラピー』（小野、二〇一一）をご参照下さい。

Ⅲ　パーソン・センタード表現アートセラピーの特徴

ＰＣ表現アートセラピーは、アメリカの心理学者カール・ロジャーズの娘である、ナタリー・ロジャーズが確立したものです。さまざまなアート表現を使う表現アートセラピーの分野自体は、ショーン・マクニフ、パオロ・クニル、ナタリー・ロジャーズを中心とする人たちによって確立されました。ナタリーはロジャーズ派の哲学、特に心理的安全性、心理的自由を大切にし、個人を尊重する姿勢を鮮明に打ち出しています。またロジャーズ派は、人がもっている自己成長力、自己実現傾向を信頼し、自ら気づき成長する力を信じます。

ＰＣ表現アートセラピーでは作品を分析解釈することはありません。本人が自ら気づき発見することを大切にするからです。自分で気づいたことは、確実に積み重ねられます。そして自分で気づき成長していけるという自信につながります。私自身、分析解釈を行うアートセラピーを学んだことがありますが、自分の心の準備ができていないと、分析や解釈が自らの気づきや発見を阻害しかねないことを体験しました。

ＰＣ表現アートセラピーは前述したように心（感情）、体、知性（理性）、霊性というすべてのレベルでの体験を尊重し、すべてのレベルでの癒しと成長を志向します。そして自己の核心に至り自己の本質と出会う体験をするために、クリエイティブ・コネクションという手法を用います。この方法はナタリーが考案した手法で、一つのアート形態（例えば絵）から別のアート形態（例えばムーブメント）に移る方法です。つまり時間をおかずに二つから三つのアート表現を組み合わせて行う方法です。絵を描いて、その後ムーブメントを行う、またはムーブメントを行って絵を描き、ライティングをする、粘土を作ってからライティングをする、などです。これによって気づきが連続的に起こり、より深い自分の核心へ導かれます。

心理的安全性をＰＣ表現アートセラピーではとても重視します。この心理的安全性は、近年たいへん注目されています。会社等の組織改革、組織向上に関する研究がここのところ盛んに行われており、組織改革や組織の改善には、人がそれぞれの意見や本音を批判されずに安心して述べられる心理的環境、心理的安全性が必須だと言われています（Edmondson, 2018）。カール・ロジャーズは先見の明があったのです。その流れを汲むＰＣ表現アートセラピーは、心理的安全性についての重要性をはじめから認識し、ガイドラインを作り、心理的安全性が保持できるセラピーを提供するために、ルールを明確化し、声かけの仕方なども含め最善の努力をしています。

心理的安全と心理的自由

ナタリー・ロジャーズは、父のカール・ロジャーズの哲学を受け継いでいます。表現アートセラピーを行う上で、心理的安全と心理的自由を確保することに心を砕いています。分析解釈や評価を行わないこと、やりたくないことをやらなくてもよく、エクササイズをやらずに見ていてもよいということ、インストラクションを自分にあったものに変えてもよいということをガイドラインで明言しています。評価しない、分析解釈をしないということは、とても重要です。私たちは学校教育で、アート表現を常に評価されてきました。また芸術療法の中に分析的アプローチがあります。それはとても役立つものである反面、容易にその分析を当てはめると危険です。そのようなことがされた場合、自分を素直にオープンに表現しようとする意図が阻害されます。前述したように私自身も分析解釈するアートセラピーを学んだことがありますが、こういう風に描くとこんな風に分析されるとわかると、素直に描きたいことを描かなくなりました。もちろん子どもや重い障害のあるケースでの診断や経過観察においては、分析・解釈が必要な場合もあり、それは役立ちます。

また提供されたエクササイズを必ずやるように無言の圧力がかかる場合、準備ができてない領域に参加者は無理やり押し出されます。準備のできていない領域に参加者を無理やり入れることは、さらなる苦痛や傷となりえます。やりたくない場合にはやらない自由が保証されていることは重要なのです。

心理的安全性は産業界でも重要視され始めたと前述しました。産業界ではイノベーションや組織改革の必要性が盛んに叫ばれています。組織を改革する上で重要なのが心理的安全性で、エドモンドソンなどの研究によれば心理的安全性が確保された組織は成長し、そうでない組織は発展性が低いとされています（Edmondson, 2018）。発展性が低いどころか、例えば医療の場で看護師などが自分の意見や危惧していることが言えない場合、患者の生命の危険を招くことさえあります。人が安心して自分の感じていることが言える場が必要であり、そのような場が確保されることが組織の発展、社会への貢献に重要だということが産業界でも認識され始めているのです。

その意味では、カール・ロジャーズが確立したパーソンセンタード・アプローチが、心理的安全性を非常に大切に考えたことは、真理をとらえたものであったと言えます。

Ⅳ　表現アートセラピーは人を生き生きと活性化する

私にとって、表現アートセラピーの特質を一番的確に表す言葉は、「人を生き生きと活性化し、心理的成長や癒しをもたらす」です。これは表現アートセラピーに三十年以上関わってきた私自身の体験や、表現アートセラピーを受けた人々の変化を観察して導き出した答えです。

さまざまなアートでの自己表現をすることにより、自分の本質とつながることを可能にします。そしてアート表現により「いま、ここ」に集中する体験が生まれます。さらにそれを他者と分かち合うことで、他者や社会とつながります。アート表現により内界と外界をつなぐ橋がかかります。アートが人の内面と外の現実をつなぐということは、多くのアートセラピストが述べていることです。アメリカの著名なアートセラピストであるジュディス・ルービンも著作の中でそのように述べています（Rubin, 1987）。まず自分自身とつながる橋ができ、さらに自分と他者（社会）をつなぐ橋ができ、そこには二重の橋がかかるのです。

人が心理的に癒され活性化され、成長するということは、まず今の自分（心とからだ）の状態を知り、それを受け止めるところからスタートします。そして無意識にある活力や生命力に触れ、新たな視点や気づきを得ます。自分が進みたい次の一歩は、すでに自分の中にあるのです。それに触れる機会があればよいだけです。PC表現アートセラピーは、自分の中の次の動きや進みたい方向に気づくプロセスを促進します。

この後アート表現の特性についての私の考えを詳しく述べますが、まずアート表現がもつ三つの効果を指摘したいと思います。

①アート表現を行うことで無意識とのコンタクトが促進され潜在力が刺激される
②アート表現は「今ここにいること」を促進し、瞑想がもたらすマインドフルネスな状態（今ここに集中し心とからだが一つになり、精神的に平安な状態）を招く
③自分の存在、自分の個性と出会うことが促進される

そしてそれを心理的に安全な場で他者に受け止めてもらうことで、癒しとなるのだと考えます。PC表現アートセラピーのトレーニングの参加者の一人が、「人に受け止めてもらって初めて、自分が自分になれるのではないか」という深遠な言葉を述べています。

自分を知ること

私が強調したい点は、前述の③と関わるのですが、ＰＣ表現アートセラピーが「自分を知る」プロセスを促進するということです。哲学者ソクラテスも「汝自身を知れ」、中国の孫子も己を知ることの重要性を「敵を知り己を知れば百戦して危うからず」（敵を知り、己を知ることで戦に負けない）と説いています。「自分を知る」とは、どういうことでしょうか。そして自分を知ることでどのような利点があるのでしょうか。

まず自分を知ることとは、自分は今何を感じているのか、どうしたいのか、がわかることです。そして自分は何が好きで、何が嫌いか、何が得意で何が不得意か、どんな性格でどんな個性があるのか、自分の長所や欠点、どんなところで傷つきやすいのか、などを知っていくことです。それはどれがよい、悪いではなく、ありのままの自分を知り受け止めることです。自分を知ることについて、カール・ロジャーズも自己受容、ありのままの自分を認めることの重要性について述べています（Rogers, 1961）。自分を受け入れること、そしてこれからどうしたいのか、何を望んでいるのかを理解することで、自分の進みたい方向がわかります。ありのままの自分を受け入れることで、心身のエネルギーが高まります。

脳科学者の茂木健一郎氏も自分を知ることの重要性に触れ、若者に一番わかってほしいのは「自分は何が好きなのか、何をしたいのか」であるとメディアで述べています。今の子どもたちにとって、また大人にとって、これからの時代に「自分を知る」そして「自分を愛する」ことはとても重要です。自分を知り、自分を受け入れることで、ありのままの自分を愛せるようになり、他者もありのままに受け入れられるようになります。ＰＣ表現アートセラピーのトレーニングコースの卒業生がよく言うのは、「自分を変えなくてはいけないと思っていたが、ありのままの自分でよいと思えるようになった」です。もちろん自分が変化して、新たな自分が生まれることも起こります。ただし今の自分をまず受け入れることが重要です。自分を受け入れることが、変化の出発点と言えるでしょう。

「自分を知る時」に自己肯定感が欠如していると、自分を知るのが辛くなってしまいます。自分を知ることには、自分の短所や今までの辛い思いを知ることも含まれるからです。ですから表現アートセラピーを行う時には、自己肯定感を向上させながら自分を知っていくことが必要です。成長のプロセスでは過去の心の傷と向き合うこともあり、それはエネルギーのいる作業です。それには時期を選ぶことも必要です。

「自分を知る」というのは自分の本心に触れることでもあります。そのプロセスで過去の自分を振り返るという作業も含まれます。自分の過去の心の傷にも気づき、それを癒していくことで、過去の人生とも和解することができ、自分の心のエネルギーも充実します。自分を知り、自分とつながることで、生きるパワーや存在感が増します。ナタリー・ロジャーズも表現アートで自分を表現することで、自分の核心（コア）とつながることを強調しています（Rogers, 1993）。

私が行うＰＣ表現アートセラピーのトレーニングでは、心理的成長と癒しのためにインナーチャイルドを癒すワークを一部取り入れています。インナーチャイルドとは、「傷ついたままになっている子どもの頃の自分」と、私は定義しています。インナーチャイルドという概念を使うことで、過去の傷と程よい距離を保ちながら向き合うことができます。インナーチャイルドの心の傷を、大人の自分が受け止めるという構図になるからです。心の傷が癒されないままになっていると心理的成長、自己開花が進みにくいのです。ただし心の傷と向き合うには、心の準備ができている必要があり、ある程度時間がかかります。またそのようなワークにおいてはセラピストの十分な注意と配慮により、心の傷を適切に扱い、サポートし、乗り越える援助が必要です。トレーニング生の様子を見ながら、適切なワークを提供するようにしています。

Ⅴ　これからの時代におけるパーソン・センタード表現アートセラピーの役割
――パーソン・センタード表現アートセラピーが貢献できること

ここでは、これからの時代において芸術療法や表現アートセラピーがどのように貢献できるかについて述べたいと思います。芸術療法のもつ特質は、これからの時代が必要としているものと重なります。

共感力を育てる

現代においては、予想もしない出来事、問題が起こります。経済もそうですし、この原稿を書いている現在ではＳＤＧｓへの取り組み、コロナ感染症、ウクライナなどでの戦争という事態が起こっています。そんな時代に生きる私たちに必要な資質とは、予測しない事態や今までの方法では解決できない問題に対して、新しい対処法を産む能力でしょう。つまり、創造性が今までにも増して必要になる時代と言えます。

そしてこれからの社会に生きる者として必要なのが、共感能力です。社会に必要なものやサービスなどを創造する時に、人々が何に困っているかを共感する能力は必須です。そして人々と一緒にコラボレーションする必要もありますから、協働する力やコミュニケーション能力も必要となります。これらの資質を高めるのがアートであると言われてから、かなりの時間が経っています。アメリカの評論家であるダニエル・ピンクがそのことを『ハイ・コンセプト』の中で述べたのは、二〇〇五年です。

ダニエル・ピンクは、その著作の中で、これからのリーダーに必要な資質としてあげているのが、創造性、共感力、協働力等の資質であり、アート（絵を描く、ドラマを演じる、音楽を聴く、物語を書くなど）が、この資質を高めると言っています。ピンクは特に芸術療法ということではなくアート表現自体にその効果を見ています。それにプラスして芸術療法の知見（評価しない、心理的に安全な環境、セラピストがナビゲートし自己発見、自己実現に導く等）が加われば、こうした特質の向上に加え、自己成長や癒しの効果を上げられると私は考えます。

またこれも長く提唱されていることですが、創造性を高めるには右脳を活発にすることも重要です。理論的に考える役割をもつ左脳だけでなく、右脳の機能である直感や感性を大切にすることが、新しいことを生み出す上に必要とされています。アートは直感や感性の開花を促進します。アート表現や芸術療法では、からだも使い、感覚や直感、感情、知性、スピリチュアリティなど人の存在のすべてのレベルに関わり、それらすべてを巻き込む活動となります。特にからだや感覚、感性を用いるので、右脳を刺激します。近年ＩＴ、パソコン、携帯などの使用によって、実体験、からだや感覚、感性を使うことが極端に減っています。これからの時代においては、からだや感性、感覚を使う必要性が増します。

無意識とつながる

また発明のプロセスについての研究でも、頭を休め、無意識とコンタクトする段階が強調されています。また近年Ｕ理論（Ｃ・オットー・シャーマー博士が提唱するイノベーションを起こす原理と実践の方法）というものが紹介され、産業界ではイノベーションを起こす時に、今までの既成概念を手放し、無意識に飛び込み、無意識から立ち現れるものを掴み、今度は理性（左脳）を使って現実検証していくというプロセスが注目されています（Scharmer, 2018）。つまり無意識とのコンタクトの有用さを示しています。

アート表現を行っている時の心の状態は、変性意識状態と呼ばれていて、「いま、ここ」に注意が集中している状態になります。これはマインドフルネス瞑想などの瞑想状態と同様な意識状態と言えます。マインドフルネスな状態とは、いま、ここの体験に意識が向けられ、過去や未来に心を惑わせず、集中できている状態です。そして周囲の状況も視野に入る状態です。つまりこの意識状態は、非常に創造的な状態と言えます。そして「いま、ここ」に意識が集中している状態は、心理療法が目指す「過去の出来事を思い煩わず、未来について不安を抱かない」悩みのない状態と言えます。仏教学者（禅の大家）である鈴木大拙は、瞑想の一つである禅について「生の復活」と呼んでいます。この状態は、人を「生き生き」とさせるのです。

言葉を用いないアート表現（詩や物語では言葉を用いますが、その言葉は普通の言葉と異なる次元のものと考えます）は、言葉での縛りを超えます。言葉はとても便利なものですが、一度言葉にするとそれに縛られます。例えば、「私は寂しい」という言葉で自分を表現すると、そのように規定されることになります。言葉は左脳と密接に関係します。私たちが言葉という左脳の世界だけにいると、一度規定されたことを超えるのが難しくなります。もし「寂しさ」を感じるたびに絵やムーブメントで表現するとしたら、毎回同じ絵やムーブメントにはならず、表現するたびに違うニュアンスが現れます。私たちの状況はいつも同じではないのです。そしてそのニュアンスの違い、自分の変化を反映してくれるのが、アート表現なのです。言葉の規定、一度定義されたものを超えさせてくれるのがアート表現であり、無意識とのコンタクトなのです。

言葉での表現、例えばカウンセリングも有効ですが、一度言葉で表現すると、それに縛られるという事態も起こりえます。私は留学中にカウンセリングも受けましたが、頭の中で同じ流れがぐるぐる回り（家族関係が原因で、こんなに苦しい思いをした、こんなことがあったからこうなった等、私はこういう人間など）、癒しまで至らなかったという体験があります。問題についての理解は得られるし、心身の解放も起こるので、カウンセリングはもちろん効果があります。ただ私の場合、癒された実感がなかったのです。それに対して、絵やムーブメントなどで表現することで、無意識の中の生命力や肯定的な側面に触れることができます。その働きによって私は表現アートセラピーを通して癒しを体験できました。ロジャーズ派の言葉で言えば自己の中の自己実現傾向（別の言葉で言うとフルに自分になること becoming fully oneself）が賦活されたと言うこともできるでしょう。

アート表現は、心、からだ、知性、魂のすべてが関わり、「いまここに」いる行為であり、自分とつながる活動であるため、生き生きとした意識状態、心身の解放や賦活化をもたらすと考えられます。そして表現アートセラピーでは、自分のからだ、感情、感覚、考え、現在の自分の状態、個性などをアート表現を通して発見します。今の自分から出てくる心やからだからのメッセージをアート表現で見える形にする行為なので、今自分の中で起こっていること、進行している命の流れに触れることになります。そしてその発見や気づきは多くの場合、意識を超えた、意外なもの、驚かされるものが多いのです。メッセージを得ようとして行うというより、今自分の中から生まれる表現を行うことで、今の自分の心やからだに関しての情報を得られます。

またもう一つの利点は、繰り返しになりますが、無意識に容易に触れることができる点です。これは芸術療法全般に言えることです。最近は潜在意識という言葉も同等に使われていますが、本書では、心理学の系譜である「無意識」という用語を用いたいと思います。アートの表現は言葉でないもので行うので、無意識のリソースとつながりやすいのです。もちろん無意識の中には辛い感情やトラウマなどもあるので注意が必要ですが、アートそのものの癒しの力が強力なので治癒力を働かせることも可能となります。もちろんセラピストがそのような時に適切に対処する能力も必要です。後述しますが、対象にする人たちによってエクササイズを変える必要があり、自己発見のエクササイズは行わない方がよい場合もあります。

表現し、シェアし、癒やされる

芸術療法では、表現の枠があり（絵という形式、詩という形式、ムーブメントという形式）、その枠で表現されることで浄化される体験が多く起こります。比喩的に言えば生の体験を「表現の枠」というお皿の上に調理して（絵を描く、ムーブメント、詩にする）乗せる、と言うことができます。お皿に乗せることで自分も改めてそれを味わうことができるし、他者もそれを味わいやすくなります。調理することで新たなものとなり、新しい意味づけが加わり浄化されます。アート自体に関して言えば、喜びだけでなく、悲しみや苦しみなど人間存在のすべてを受け止めてくれる器の大きさがあります。その上でセラピストの存在、心理的に安心な場があり、他の参加者とその作品や体験をシェアリングできる点も治癒力となります。

ナタリー・ロジャーズは、創造性を生命力と同じ意味でとらえており、それをライフフォース・エネジー（life force energy）と呼んでいます。イギリスの精神分析家のウィニコットは創造性について、次のように述べています。「遊びにおいて、遊ぶことにおいてのみ、個人は、子どもでも大人でも、創造的になることができ、その全人格を使うことができるのである。そして個人は、創造的である場合のみ、自己を発見できるのである」（Winnicott, 1971）

私個人にとっては、創造的であるということは、何かを発明するとか、何か新しいことを生み出すということ以前に、自分とつながり、自分という個性で存在し、自分という個性で生き、その個性で自分らしく社会や人と関わり、生き生きと人生を送ることと考えています。自分らしく生きることが創造的に生きることだと思っています。それは自分の個性を受け入れ、自分の感じるところを大切に生きていくということでもあります。

現在心理療法では、認知行動療法が主流となっています。この療法は簡単に言うと、考え方（認知）の歪みを修正することで行動を変え、悩みや問題行動を減らす療法です。短期的に効果を得やすく、心の傷などを掘り起こさないので、万人向きと言えます。私自身は、深いところから癒しや変革を起こすには、他の療法の方が効果的な場合もあると考えます。そして認知療法で取り上げる認知の変化ですが、表現アートセラピーを行っている中で、この認知の変容が起こることをよく見かけます。つまり自分は「こういう人間」「この絵は自分の暗い部分を描いた」という場面で、その絵を見ているうちに見方が変わることが起こります。「いや、この暗い部分は深みがある」など見方が変化し、自分を見る見方が変わってきます。ＰＣ表現アートセラピーでは、抽象的な色と線で自分を表現することも多いので、その絵をいかようにも解釈し直すことが可能になります。

特にＰＣ表現アートセラピーは、絵を描いた後でその絵をムーブメントで表現したり、その後にライティングをしたりするので（前出のクリエイティブ・コネクションという手法）、自分の意識の浅いところから深いところに入っていくため、深い気づきにつながりやすいのです。

またＰＣ表現アートセラピーでは、シェアリングを大切にしています。自分のアート表現を人と分かち合い、分析解釈ではないフィードバックを行います。シェアリングとは他の人に自分の作品を見せて体験を語り、他の人からのフィードバックをもらうことです。それによって自分の認知が広がり変化することがよくあります。ＰＣ表現アートセラピーではルールとしては分析・解釈はしませんが、作品を見た人自身が感じることとしてフィードバックを行います。必ず「私がその作品を見ると個人的にはこんなことを感じる」というようにアイメッセージ（私メッセージ）でフィードバックします。自分の欠点や暗い側面を表したと思った部分が、フィードバックをもらうことで、そこは自分の深みや長所、味わい深い部分だったのだ、と認知が変容します。

ＰＣ表現アートセラピーでは、からだとつながること、からだからのメッセージを受け取ることを重視します。からだは、無意識とつながっています。からだを感じ、からだを大切にして生きることは、意識や自我のみを優先して生きることとは異なります。からだは、生命として自然とつながっています。ＳＤＧｓを考える時に、からだを大切にすることは、地球を大切にすることにつながります。特にムーブメント（ダンスとか振り付けなしに自由にからだを動かす）やオーセンティック・ムーブメント（ユング派のムーブメント療法）を行う時は、からだを自覚し、自分の存在全体を感じる機会となります。その時には、からだや無意識からのメッセージが自我や意識に統合されることになります。

Ⅵ　日本での表現アートセラピーのトレーニングコース

日本での表現アートセラピーのトレーニングは、二〇〇三年から始まりました。ナタリーが創設したトレーニングを忠実に再現しながら、芸術療法に関する講義を追加し、対象になる人（高齢者、精神科、学校）により、どのような注意が必要なのか、どのようなエクササイズを提供するのかを小野の経験からプログラムに組み込み、レベルアップした内容になっています。ナタリーのプログラムと同様に四〇〇時間のトレーニングとなっています。

コース1は、自己探究で表現アートセラピーを使って自分を知っていきます。コース2では、パーソンセンタードアプローチを学び、表現アートを用いた個人への支援法を学びます。コース3ではからだへのアプローチを中心としたさまざまなエクササイズ方法について学びます。コース4が個人やさまざまな対象・コミュニティ（会社組織を含む）へのアプローチ法、コース5がグループ・ファシリテーション実習1で、自分の表現アートセラピーのセッションをデザインし提供します。コース6がグループ・ファシリテーション実習2で、コース1～4にインターンとして入ります。

参加者は、臨床心理士、会社員、主婦、医療関係者、施設職員など多種にわたります。一～二年で卒業する方が多いですが、中には一〇年かけて卒業した方もいます。専門的知識やスキルアップももちろんですが、自己解放、自己変革、自己成長という経験を皆さんされています。自己の癒しや心理的成長とともに、ここで学んだスキルを生かして、現在の仕事の場で表現アートセラピーを用いる方、上手下手にかかわらず生徒の個性を伸ばす絵画教室を立ち上げる方など、卒業後の進路は多彩です。トレーニングの経験から臨床心理士になる方も多くいらっしゃいます。

日本でのトレーニングコースの卒業生にインタビュー調査を行ったことがあります。興味深かったのは、トレーニングコース在籍中深く悩んだ人ほど心理的成長が大きかったということです。そして「安心して一人でいることができる」という環境が心理的成長を促進しました。参加者みんながそれぞれのアート作成をしている時、「一人でいながら一人ではない」という環境が生まれます。セラピーの最大の特徴は、セラピストやグループに見守られながら自分の内面に深く入っていけることです。これについては参考文献に載せた著者の英文論文に詳しく書きましたのでご参照ください。

Ⅶ　これからは自己解放と自己成長（自己開花）の時代

これからの時代、芸術療法、そして表現アートセラピーがなぜ役立つかについてさらに深めていきたいと思います。

これからの時代は、前述のダニエル・ピンクによればハートとアートの時代といいます。それを大学の授業で話すと、「先生、heart には art が入っています」と学生が指摘しました。確かにハートとアートは関わりが深いのかもしれません。また最近感情やハートが大切と考える流れが生まれています。産業界でも、ハートから生まれるもの、感情を大切にすることが重要であり、これからの時代はインサイドアウトだと述べる人もいます。これからの時代は、外から自分を規制したり、人や周囲に合わせたりするのではなく、自分の中から表現し発信していくことが大切になる時代だと、私も感じています。

また前述したU理論の実践の中でも、無意識に飛び込む時にアート表現を用いるとよいとされ、その効果が示されています。また心理的安全性を提唱するエドモンドソンも、著書の中で難しい会議の前に全員で歌を歌う企業などが紹介されています。それによってよい雰囲気の中で会議を始めることができるからです。

前述したように、これからは自分を大切にする、尊重することが求められます。それには何をどうしたらよいかわかりにくいかもしれませんが、表現アートセラピーではとても単純です。自分の表現（絵など）を大切にすることは、具体的にできることだからです。表現を大切にするとは、それについて語り、それをもとに今の自分について感じ、考えることです。自分の表現を大切にすることは、イコール自分を大切にすることです。アート表現をよく見る、言葉を添える、意味を汲み取ろうとする、そして人からもその表現を大切に扱ってもらうことは、具体的に自分を大切にする行為です。お互いにそれをすることで相互尊重が生まれます。アートセラピーでは、自分や他者を大切にすることを作業の中で学び、身につけることができます。

時代の流れを見るのに私は産業界の動きに注目しているのですが、産業界ではこれからの時代の会社組織が進化していく必要性が論議され始めています。そして組織が変化するためには、上司や会社のトップが人間的に成長する必要があると言われています（Kegan & Lahey, 2009）。上司や会社の上層部が成長し、ワンマンで支配的な組織から民主主義的な進化する組織になっていく必要があると論じられています。そしてそれがさらに進化すると、上司や部下もない、一つの生命体として機能していくティール組織への移行が提唱されています（Laloux, 2014）。私たちのからだの器官は、お互いに連携・協調して働きます。からだのそれぞれの臓器は互いに戦うことなく、生命の維持のために一体となって日夜働いてくれています。そんな組織がティール組織なのでしょう。それを現実の世界で実現していくためには、組織の成員それぞれが自分を大切にすることができ、他者を大切にし、人間的に成長することが必要になります。人間的に成長するとは、自分を大切にし、自分を生かす生き方ができ、自分が生き生きと幸せに生きることでもあります。そうすれば自然に人の多様性、自然や地球を尊重することになるでしょう。

つまりこれからはますます自己成長が必要になる時代になると考えられるのです。組織が成長するには、その組織の上に立つ人、そして組織の成員の一人一人の成長が必要となります。これからの時代は自己成長の時代といえます。自己成長という言葉が、成長しなくてはならない、というニュアンスがあるので、自己開花といった方がよいのかもしれません。自己開花するには、自己解放（自分を知り、自分を受け入れる）がまず必要となります。そして人生一〇〇年時代の幕開けにより、人は学び続け成長することが求められるのです。

「成功」の定義も変化しつつあります。今までは地位や名誉、どれくらいの収入を得ているか、などが成功を計る目安になり、人生の目標になることが多かったのですが、今成功の概念も変わりつつあります。アメリカの教育学者のハーシュ＝パセックは、これからの成功は「健康で、思慮深く、思いやりがあり、他者と協力でき、創造的で自分の能力を存分に発揮できる」（Hirsh-Pasek, 2016）と定義しています。子どもたちがこのような成功を達成するためには、今までのような知識詰め込みの教育方法ではいけない、と彼女は提言しています。

京都にあるレストラン（食堂）では、「一日百食売れたらその日は閉店」というお店があります。これは百食売れたら、生活が成り立ち、自分たちのやりたいことに時間を使えるからだそうで、食材の廃棄もないそうです。ここでは幸せとＳＤＧｓが直結しています。

これからの社会では自分を癒し、自分が生き生きと幸せに生きることの実現がテーマになると思います。それによって結果的に他者も幸せにしていくことになります。自己実現というと少し古い言葉となりますが、自分がどんな人間でどのようなことを求めているか、それぞれの幸せは異なり、その人にとっての幸せを実現するということです。「私がフルに私になり、あなたがフルにあなたになる」、とでも言いましょうか。それは自分がどんどん能力を発揮する、社会的階段を上がる、お金をたくさん稼ぐ、というニュアンスとは違います。

歴史学者で政治学者であるローレンス・トーブは、これからの時代は、精神性、スピリチュアリティが重視される時代となると言っています（Taub, 2002）。これから自分を大切にして、それぞれの幸せの形を実現し、自分が生き生きと幸せに生きるために、自分の再構築という作業が必要になるのではないでしょうか。今までの価値観や生き方を変えるために必要な再構築には、自分と向き合う、自分を知る、自分を癒す、自己肯定感を上げる、心身のエネルギーを上げる、などが必要になります。これができずに悩んでいる人が多いように見受けられます。それに対してさまざまな心理療法や芸術療法が力を発揮するはずです。そして表現アートセラピーも大きな力になりうると考えています。

私は今までいろいろな大学で教えてきましたが、最近五～六年ほどは、教員として表現アートセラピーに特化した授業を立ち上げ、通信教育課程で十八歳以上から七十代までの学生を教えてきました。芸術療法や表現アートセラピーの理論を教えますが、表現アートセラピーのワークも行います。授業の中なのであまり深く心の中に侵入しないように注意しながら行っていますが、学生の感想によれば、「ありのままの自分でよいと思った、生きるのが楽になった、元気になった」という感想が多く、その効果に驚きました。一般の人々が、ここに書いたように自分と向き合い、自分を知り、自分を癒し、心のエネルギーを上げるという点において、表現アートセラピーがとても大きく貢献することに気づかされました。

Ⅷ　人の心理的成長とスピリチュアリティ

スピリチュアリティという言葉は、日本では「怪しい」というような印象をもつ人が多いかもしれません。しかしスピリチュアリティと人の心理的成長については、深い関連があります。心理的成長について人間性心理学を創設した一人と言われるマズローは、自己実現という概念を提示しました。人間性心理学に続く第四の心理学と言われるトランスパーソナル心理学では、人の成長における自己実現の次のステージは「自我を超えること」だという心理的成長の地図を描きました。トランスパーソナル心理学は変性意識やスピリチュアリティを扱う心理学です。そのトランスパーソナル心理学の代表的理論家はケン・ウイルバー（Ken Wilber）です。彼は、人はまず自我を確立して、その後その自我を超えるという成長の過程を論じました。トランスパーソナル心理学では、スピリチュアリティは、人の成長に欠かせないものと考えられています。

前述したティール組織に関してですが、この理論が生まれる上で大きな貢献をしたのは、インテグラル理論と言われるものです。インテグラル理論は、ケン・ウイルバーが人の意識の進化を論じた理論です。今までの心理学では自我の確立については論じますが、その自我を超えることについてはほとんど論じていません。この自我を超えた進化を論じるのが、トランスパーソナル心理学です。「自我を超える」、という文脈について、私は「自分がなくなる」のではなく「自分をしっかりもちながら」他の人とつながり、尊重し合いながら協働していくというイメージをもっています。自分を大切にするのと同様に人を大切にするスタンスと言えます。

組織もその進化に沿って成長していくと考えられています。『ティール組織』の著者ラルーは、このインテグラル理論に基づき五つの組織のモデルを示しています。闘争的な力による支配（狼の群れ）、命令系統で動く（軍隊）、機械のような効率性重視（機械）、多様性を尊重する（家族）、そして信頼で結びつく（生命体）というように。

本書で心理的な成長として私が提言しているのは、前述したように自分を大切にして他者も大切にする意識ですので、この五つのモデルでいえば「家族」でしょうか。そして最終的には私が人体で喩えたような、それぞれが自分を発揮して、お互いに助け合うことのできる「生命体」の段階が目標となります。ウイルバーが述べるような意識の進化をしていくための一つのツールになるのが、さまざまな心理療法だと私は考えます。その中でも芸術療法やPC表現アートセラピーは、無意識の中に存在する人の可能性を示してくれます。ナタリー・ロジャーズが「PC表現アートセラピーで、人々がなぜかスピリチュアルな体験をした」と言うように、芸術療法では比較的容易に無意識にアクセスし、そのリソースとつながることを促進するからです。スピリチュアリティを体感する上で表現アートセラピーは力を発揮するでしょう。

スピリチュアルな体験とは、私にとっては、人生での大きな感動や、生きていてよかったと思うこと、自分を含め他者を愛おしく思う、人類愛、自分を自然の一部と感じるなどの体験と言えます。自我が一人で頑張って上を目指すのではなく、他の人や社会全体とつながって調和を感じる生き方です。

PC表現アートセラピーには魂の視点があり、スピリチュアリティを大切にしていると述べました。カール・ロジャーズやアブラハム・マズローは人間性心理学を創始した人たちですが、晩年ロジャーズもマズローもスピリチュアルな領域に関心を移しました。人間性心理学にトランスパーソナル心理学の萌芽が見られます。そしてナタリー・ロジャーズのPC表現アートセラピーは、トランスパーソナル心理学の分野にも足を踏み入れていると考えられます。トランスパーソナル心理学は、変性意識やスピリチュアリティを扱う心理学だからです。

人間の心理的成長においては、前述したようにスピリチュアリティの側面が不可欠と考えられます。心、からだ、知性、そしてスピリチュアリティという人間存在のすべての領域に働きかけるのが、PC表現アートセラピーです。そして無意識の中に存在する宝物にアクセスするのを助けるのがアート表現の特質です。すべての人がアーティストであり、アート表現により自分を知ることができます。自分を知り、探求し、無意識の宝物を手にして意識を進化させることで、私たち人間に備わっている成長の可能性を実現できると考えます。そしてアート表現のよさは、楽しみながら行えることです。

実は私は昔から心理的成長に深い興味をもち、さまざまな心理療法を自分でも受け、学んできました。さまざまな療法は役に立ち、学べることも多かったのですが、その中で自分に合った方法がこのPC表現アートセラピーです。この方法は、自然に花開くように次の気づきが起こり、そしてアート表現を続けているとまた次の気づきがやってきます。そしてカール・ロジャーズの提唱したパーソンセンタード・アプローチにより、無理なく「自分が自分になっていく」ことを体験しました。

Ⅸ　対象により異なる表現アートセラピーのエクササイズを用いる

「心理探求的エクササイズ」と「創作表現中心エクササイズ」

表現アートセラピーは、子どもから大人、高齢者まで、さまざまな年齢の人に向けて提供することができます。また障害のある方や精神科においても提供することができます。筆者は一般の人に加え、高齢者施設や精神科、学校（中学校、高校、大学）で表現アートセラピーを提供してきました。高齢者施設や精神科での表現アートセラピーの詳しい提供方法や事例に関しては、筆者の別の本に譲りますが（『癒しと成長の表現アートセラピー』岩崎学術出版社）、一般の人が対象の場合と高齢者が対象の場合や精神科での表現アートセラピーでは、用いる方法が異なります。どの場においても個人を尊重することに変わりはありませんが、用いるエクササイズが異なります。

ナタリーのトレーニングでは、心理的に健康な人向けのエクササイズを学びました。その後日本で実践する時に、高齢者や精神科で行う場合には自分で工夫しエクササイズを検討することが必要でした。ナタリーの考案したさまざまなエクササイズは、自己実現・自己発見したいと思う、健康な自我をもった人に向いています。自分の今の感情や過去の出来事、インナーチャイルドなど、心の中を見ていく場合、大きく感情や心が動き、過去の痛みが再浮上することもあるからです。心に余裕のない方や自我が弱まっていると考えられる方、高齢者や精神疾患をもっている方、うつ状態の方などは、否定的な感情や痛みを統合することが難しいので、そのような自己発見的なエクササイズは避ける必要があります。

私はそのような経緯を経て、表現アートセラピーのエクササイズを二つに分類しました。「心理探求的エクササイズ」と「創作表現中心エクササイズ」の二種類です。心理的に健康な人に対しては心理探求的エクササイズを用い、そうでない対象（高齢者や子ども、障害をもつ方等）へは創作表現中心エクササイズを用いています。もちろん心理的に健康な方に、創作表現中心エクササイズを用いることもあります。

心理探求的エクササイズでは今の気持ちを扱い、問題解決を探り、過去や未来の自分などのテーマでワークを行います。それに対して創作表現中心エクササイズは、楽しく創作表現するもので、季節に関わる創作等（お雛様を作る、うちわを作るなど）を行います。創作表現中心エクササイズでは、自分の個性を作品に表し、作品作りを楽しむことが目標になります。外から見ると手芸教室、絵画教室に見えるかもしれませんが、見本どおりに作る、上手に作る、最後まで頑張る、などの目標をPC表現アートセラピーでは設定しません。参加する方が今表現したいことを、そのままに受け入れ、評価、分析しません。詳しいエクササイズの内容については別著『癒しと成長の表現アートセラピー』に譲ります。ここではエクササイズのテーマのみ紹介します。

心理探求的エクササイズ（健康な人向け）：今の自分を絵にする（色と線で）、今の悩み、悩みの解決、ムーブメント「これが私」、ボディ・イメージ、自分の長所を見つける、粘土で運命とフリースピリットを表す、潜在意識に質問する、誘導瞑想「美術館で自分を象徴する作品に出会う」「自分の内的賢者に会う」など。

創作表現中心エクササイズ（高齢者や子ども、障害をもつ方向け）：紙染めアート、お雛様アート、コラージュ（自分の好きなもの）、紫陽花アート、雪だるまアート、コケシアート、お正月のリースなど。

大学の授業で行う表現アートセラピー

大学の授業で行った表現アートセラピーでは、健康な自我をもつ方であっても、心の中の否定的な感情や過去の心の痛み、現在の問題などが浮上することがありました。健康な方向けであっても注意が必要だと痛感しました。ですので授業で初めて表現アートセラピーを体験する時には、クレヨンで自分の名前を書き、好きな色を塗ったり、好きなもの（お花、食べ物等）を描き加えたり、というようなごく簡単なエクササイズを最初に行います。それであってもクレヨンを持つだけで心の扉が開いて心の中の葛藤が現れることもあります。学生には心理学の無意識についての講義を行い、ふだん見たくないもの、過去のトラウマなどは無意識にため込む傾向が私たちにはあること、同時に無意識には潜在的なポジティブなリソースがあることを伝えます。心の扉を開くと、まずネガティブなものが現れることがある、と伝えておきます。

忙しく頑張っているような人は、ふだんのストレスを心に溜めがちで、最初にそれが表出することが多いようです。そのことはあらかじめ説明し、辛くなるなどしたら教員に相談するように伝えます。授業で表現アートセラピーのエクササイズをした時には、その日の体験を紙に書いて提出してもらっています。オンライン授業になってからも感想を提出してもらっています。私の経験ではアートセラピーを行う時に、八〇％の人はよい体験をして元気が出ますが、二〇％の人は気分が少し落ちるなどの体験をしています。気分が落ちることが悪いことではなく、心の中に溜めているストレスや、気持ちがまず顔を出すだけなので、それを理解する必要があります。

ただ人によってはセラピーを行わない方がよい時もあります。心にエネルギーがない場合、他に対処しなくてはならない現実的な出来事（例えば死別、離婚、ＤＶ等）がある場合、仕事でものすごく忙しい、単に心の中に向き合う準備ができてない場合、などです。心理的な作業――心の内を見る、自分の感情や状態に気づく、昔の心の傷を癒す――は、心のエネルギーをかなり使います。その作業に向かない時期もあります。ＰＣ表現アートセラピーでは、やりたくない場合、やらなくてもよいというガイドラインを提示しているので、安全を保てます。そうは言っても心の中の葛藤が浮上することもありますので、その場合は相談に乗り、必要であればカウンセリングなどのサポートを得られる機関を紹介します。

大学の授業では、エクササイズを工夫し、最初のレベルのクラスでは心の深いところまで触れないようなワークを行うようにしています。ほとんどの学生が自己発見に役立ち、元気が出たと報告しています。児童学科で教鞭をとっていたため、学生は幼児教育に関わっている人やこれから関わる人も多くいます。保育士や幼稚園教員、小学校や中学校教師が自分の心を理解し、気づけることはとても大切です。自分を受け止め、自己肯定感を高める授業をしています。教師や保育者にとって、自分を知り、自己肯定感を高くすることはたいへん重要なことと考えるからです。

表現アートセラピーの授業から、自分のありのままを認める重要性に気づき、保育場面で「子どものありのままを受け止めることが一番大切だ、ということを学んだ」と述べた学生もいます。また今の子どもは自由に表現することが苦手だということも学生から聞きました。授業で表現アートセラピーを学ぶことで、学生は教育の場でいかに心理的に安全な環境を作るか、ありのままの子どもの表現を引き出せるかのヒントを得ているようです。大学の表現アートセラピーの上級クラスではかなり深いワークも行っています。パーソンセンタードの表現アートセラピーなので、エクササイズをやらなくてもよいし、自分で少し変えてもよいというルールがあり、当人の状態に沿って行えるように工夫しています。

心の傷もネガティブな部分も、本当は新しい成長への扉と言えます。そして過去の自分を統合することで、新しいエネルギーと共に前に進んでいけると考えています。

X　さまざまな実践領域における表現アートセラピーの適用

対象により、異なるエクササイズを用いることは前述しましたが、以下それぞれの領域での導入の実際について述べます。

私が今まで表現アートセラピーを実際に用いた領域は、一般の人へのワークショップ、個人セラピー、精神科クリニック、高齢者施設、中学校、高校、短大、大学、大学院、企業の中での研修やカウンセリングです。短大、大学、大学院においては表現アートセラピーを授業の中で体験してもらいました。それはカウンセリングや人間性心理学等の授業の中であったり、科目名が「表現アートセラピー」であったり、さまざまです。前述したエクササイズの種類についてですが、一般の方へは自己探求的エクササズを用い、それ以外の方には、創作表現中心エクササイズを用いました。

精神科での適用

精神科クリニックでは、心理探究的エクササイズ（自分の心や内面、感情、過去などを見ていく）は、一般的に禁忌ですが、精神科デイナイトケアで特別な状況（主治医の許可があり、カウンセリングを受けている、クローズドの継続グループ）で行ったことがあり、効果を上げました。統合失調症の患者さんは除外でしたが、自分の過去をカウンセリングである程度把握、理解している、現時点で心身が比較的安定している、自らの希望であり、主治医の許可をとっていることが条件でした。そして二カ月間で八回のワークが一クールで、それを繰り返し提供していました。何クールも繰り返し参加する方が多く、前回と比べてこんなに絵が変わったというように、ご自分の変化が目に見えるのでそれもよかったようです。誰でも参加できるアートのグループでは、自己探求的ではない創作表現中心のエクササイズを行いました。それでもアート表現は今の自分の状態が反映されるので、絵を描くと心がどうしても表現に現れてしまうため、調子が悪い時は参加しないという方もいました。心の中を探求しないエクササイズでも心が現れることがあるので注意が必要と感じました。こちらのエクササイズや経過は前述の著書『癒しと成長の表現アートセラピー』に詳しく書いています。

高齢者への適用

高齢者施設が他県にあったので、月一回の提供でした。こちらはビジュアルアートが中心の創作表現中心エクササイズを提供しました。最初は興味がなかった方も、コラージュなどで徐々に創作に引き込まれていきます。こちらが切って用意しておくものから好きなものを選び、色紙に貼ってもらうのですが、何を選んでどこに貼るかで、その方のこだわり、「こうしたい」という意志を感じました。そんな単純な作業でも今の自分が選ぶもの、どこに貼りたいかで自分の個性を表す貴重な機会となります。最初作業が進まず、こちらが声をかけて選ぶものを一緒に決め、貼る位置を決めていた方も、その後ご自分でどんどん進めていかれました。

アートセラピーの場合、外から見ると手芸教室、絵画教室に見えるのですが、アートセラピストがそこにいて、そこをどのような場にするかの意図でまったく違う場となります。リハビリや作業療法との違いは、目標です。アートセラピーでは見本どおりにする必要はなく、頑張る必要もなく、参加している方がありのままに、今表現したいものを表現することを大切にします。多分目標が重なるところもあると思いますが、最初施設のスタッフの方の関わりを見ると、「がんばりましょう。完成しましょう、空間を埋めましょう」という見本どおりの完成を目指すことが多い印象を受けました。そのやり方が悪いわけではありませんが、アートセラピーの姿勢はそれと異なるのです。アートセラピーでは、その方が今表現したいことを見守り、余白があってもそれを尊重する、作業途中でもその人が完成と思えばそれでよい、ということになります。セラピーの姿勢を理解していただくために、東京まで施設スタッフに研修に来ていただいたり、その施設でスタッフの研修をさせていただいたりもしました。施設のスタッフご自身が表現アートセラピーを体験していただくことが、私たちの実践方法を理解していただく上で一番効果があったように思います。

高齢者施設で一番印象に残ったのは、アートのもつ平等性です。施設では最初デイケアに来ている高齢者の方へ提供していましたが、その後デイケアに通う方と入院中の認知症の方たちとの合同グループになりました。デイケアの方たちは、鍵のかかるエレベーターに乗り、病棟に行くのですが、その時にはじめは「私たちは認知症じゃないのよね」という一種独特な雰囲気がありました。ところが認知症の方たちと一緒に作品を作った後は、お互いに「その色使いがいいね」「面白いね」というようにその場が平等（誰が認知症で、誰が健常者という区別や上下関係がない場）となり、驚きました。高齢者の方々との作業はとても楽しく、私たちセラピストやスタッフも、高齢者の方からエネルギーをもらう場となりました。参加者たちから「とても楽しかった、よい作品ができた」

など感謝され、高齢者の方たちの作品に刺激されるからです。

高齢者とのワークでは、誰が行っても見栄えがよいものを工夫しました。なぜかというと作品を家族や友人に見せることが多いからです。例えば画用紙ではなく、色紙を使うなどの工夫をしました。手に届くところに材料を置くため、材料を小分けし、コラージュの時には写真を切っておく（高齢者が興味が湧きそうな、食べ物や風景、子どもの写真を中心に集めました）などの準備に時間をかけることになります。

学校での適用

以前、中学校でスクールカウンセラーとして勤務していたので、相談室に来る生徒たちに表現アートセラピーを行いました。話をしたい子たちの方が多かったので、表現アートセラピーで対応した生徒の数は多くないのですが、印象に残っているある生徒は、絵は描きたくないということで、いつもドラマセラピーを行いました。例えばその子が刑事で私が犯人となり取り調べを受ける、というようなドラマです。刑事役では、その子がその場をリードするので、本人がその場を取り仕切りパワーを感じることができます。表現アートセラピーでは、いろいろな表現を使えるので、生徒に合わせて変えることが可能です。

また中学校で学級崩壊（立ち歩く子どもなどが多く授業が成立しない状態）が学年単位で起こることがあり、その学年に対して支援をしたいと思い、何ができるか考えました。その時に一番適していると思われたのは、ドラマセラピーの一つのジャンルであるプレイバック・シアターでした。絵の表現だと、描いた絵をからかわれたりする可能性もあり、本当の自分の表現を安心して出すことができないと判断しました。学校側と相談して許可をいただき、ドラマセラピーを学年全体に行いました。クラスごとや、二クラスごとを対象に行いました。ドラマセラピーであれば、みんなで一緒に遊ぶ要素もあり、見ている立場、ドラマに参加する立場を選べるので心理的に安全と考えたのです。

プレイバック・シアターは、ドラマセラピーの一つですが、特徴は実生活や自分の人生の中の体験を語り、役者さんがそれを演じてくれるという方法です。プレイバック・シアター研究所の方たちの力を借りて、学級ごとや学年ごとで、楽しく遊ぶことから始め、生徒の日常の小さなストーリーをドラマセラピーの役者さんたちが演じるという時間をもちました。学級崩壊したクラスでは、みんなで楽しいことをする経験がほとんどありません。毎回プレイバック・シアター研究所のファシリテーターと役者の方が総勢四～五人で来てくださいました。ボランティアという立場で一生懸命生徒たちを支援していただき、とても感謝しています。この場を借りてプレイバック・シアター研究所の皆さんにお礼を述べさせていただきます。最初は手弁当で交通費も出ないなか、熱心に生徒に寄り添っていただきました。何回か来ていただくうちに交通費や給食が支給されるようになりました。

ふだん問題児と見なされていた生徒が、いかに「学校が退屈で辛い」のかというストーリーを語り、それを役者さんが演じてくれたことがありました。その子の気持ち、「学校がこんなに辛いんだ」ということを、そこにいた先生方や私が痛烈に理解することができました。彼の叫び、心の中の痛みを感じました。ふだんからスクールカウンセラーとして、学校で勉強についていけない子どもたちにとって学校がいかに辛い場所になるかを感じていましたが、この日の叫びは私の胸の奥まで届きました。

後述する、教育の中でアート表現を用いる方法、子どもたちがアート表現をしながら楽しく学習し成績を上げる、アーツ・インテグレーションという方法があります。私は、表現アートセラピーとは別にアートワークジャパンというＮＰＯを立ち上げ活動しています。それは学校での学びが少しでも楽しく、興味をもって学ぶことができ、成績も伸びてほしいと、私が心から願うからです。楽しいだけではなく学力も向上できるのが、このメソッドの特徴です。

二つの公立中学校で、このドラマセラピーの支援を行いました。ドラマセラピーを継続的に行える機会があった学校では、生徒がドラマに参加し演じることもありました。ふだん目立たない生徒がドラマに参加し、輝いていたのが印象的でした。継続的に行った時には、一年で三回のドラマセラピーのセッションを行いました。生徒が話す日常の出来事をファシリテーターが聞き取り、それを役者さんや希望する生徒も加わり演じるのですが、回を重ねるにつれ、話が深まることが見受けられました。家では普通に話すけれど、学校ではスクールカウンセラーの相談室以外まったくしゃべらない生徒（場面緘黙）がいました。この生徒が三回目のドラマセラピーの後、いきなり職員室で「これから私話すから」と先生に告げたこともありました。ドラマセラピーの中で、生徒や先生も今まで知らなった生徒の心の内を知ることができました。とてもいい空気感が生まれます。自分の話が受け止められることで、自分の存在が受け止められたと感じることができます。

ある高校では、全生徒（五百人以上）を対象に、保健講話という枠組みで表現アートセラピーの時間をもったことがあります。二時間弱の時間で、まず影絵を見てもらい心を和ませ、著者の講話（すべての人に価値がある、すべての感情はオーケーであるという内容）、そしてその後で「心坊主」のワークを行いました。てるてる坊主を作ってもらい、それを紙に貼り、絵を添え、言葉を添えました。このてるてる坊主を使ったワークは、少しだけ心の中のことを出せるワークです。そして深く心には入らないものなので、学校などでよく使っています。創作表現中心のエクササイズです。後で書いてもらった感想を読むと、「心と向き合う大切さがわかった」、「自分の心に素直になれない自分」、「気持ちや本音を言えないのでこの方法はいい」、「自分の嫌な部分を認めることでよくなると知った」、「自分の気持ちを考える機会になった」、「すごく心に響いた」、などがありました。全学年一緒に行ったので、三年生の中には、「子どもっぽかった」という感想もありました。

XI　学びを促進し学力を向上させるアート表現――アーツ・インテグレーション

アート表現はセラピー分野のみでなく、教育の分野でも学びを促進し、学びを深め、さらに自己肯定感を高め、個性を育て、創造性を向上させ、コミュニケーション能力を高める働きがあります。さらに子どもの成績を上げる効果があります。アーツ・インテグレーションは、教科学習の中でアート表現を入れていく方法です。カナダのクイーンズ大学での調査によれば、この方法（後述するLTTA）を使った生徒とそうでない生徒の算数のテストの成績を比べたところ、この方法を使って学んだ生徒の方が点数が高かったという結果が出ています。

表現アートセラピーの他に私がもう一つ実践研究しているのが、このアーツ・インテグレーションと呼ばれる方法です。この方法と出会ったのは、二〇年近く前です。最初に出会ったのは、知人がカナダで実践していたLTTA（Learning Through the Arts）というメソッドです。主要教科（算数、理科、社会、国語等）を教える際にアート表現を用いることで、教科と生徒が深く結びつき、楽しく学び、好奇心を高める効果が素晴らしく、先生方を日本にお呼びし研修会を開きました。その後は同様のメソッドで、アメリカで発展したアーツ・インテグレーションを日本で広めており、この分野で著名なアメリカのリサ・ドノバン（Donovan, Lisa）先生を日本に継続的にお招きして研修を行っています。また、アートワーク・ジャパンというNPOを作り、このメソッドで子どもを教えられる人を養成しています。

LTTAはアーティストを訓練して、アーティストが授業を行う方式で、アーツ・インテグレーションは、教師や一般の人が行える方法です。後者の方が日本に合うと考え、現在はアーツ・インテグレーションを広めています。

アーツ・インテグレーションの例

前述したようにアート表現には、創造性、共感力、コラボレーション（協働）力、直観力、問題解決能力等を高める効果があり、心理的に高い効果をもたらすものです。それを学習に使うことにより、子どもたちは教科を学びながらアート表現をすることで自分を知り、個性を伸ばし、好奇心を刺激することができます。

アーツ・インテグレーションは、主要科目の学習の中でアート表現を用います。例えば算数の学習の中で、ムーブメントを使ったり、ドラマを使ったり、社会の授業の中で詩を書いたりします。例えば円について学ぶ時には、グループに分かれて、円の概念（円周、直径、半径、中心、弦など）を使ってダンスを作ってもらいます。そしてそのダンスができたらそれぞれのグループに発表してもらいます。アート表現を行いながら算数の学習ができます。他の生徒とダンスを作るのでコミュニケーション力が高まりますし、概念の学習もできます。そしてダンスの学びにもなります。私も海外の先生から受けた研修で、生徒役となりこのエクササイズをやりましたが、グループごとにダンスを作るプロセスも楽しく、発表を鑑賞する時には違う表現を見ることが興味深く、ダンスについても学びました。例えば静止した状態から始まり、静止した状態で終わる、からだの上の位置での表現、下の位置での表現を入れる、などです。私自身が生徒としてこの学習をした時、とても楽しく、他のグループのダンスを見て、ダンスの多様性や美しさを感じました。アートは感動をもたらします。この感動は魂に触れる体験になります。

また別の例ですが、例えば地理（社会）の学習で近くの海岸に行って詩を書きます。それぞれの生徒が、自分と海岸との関わりで、いろいろ感じ考えることでしょう。昔おじいちゃんと散歩したことを思い出す、砂の感触や色、風などについて書くかもしれません。海岸や地理と自分との直接的な関わりがそこに生まれます。また詩という形式を通して自分の体験、自分という個性を表現します。その後、教室で地理の知識（その海岸特有の性質など）と結びつけば、地理に興味をもって学べるはずです。他の例では、環境汚染についての学習にドラマを使う事例があります。実際に起こった環境汚染の裁判を、生徒がドラマで法廷を再現する中で環境汚染について学んだのです。この方法だと、環境汚染について、それがなぜ起こったのか、そして裁判の形式について、裁判を演じることで演劇について、それぞれ学ぶことができます。アーツ・インテグレーションでは、決まった型があるわけではなく、それぞれの教師が工夫してプランを作ります。最近では授業案の本もたくさん出版されています（Donovan, 2012）。アーツインテグレーションの詳しい説明と実例は『アートで成績を上げ人生を成功させる方法 アーツインテグレーション』（小野・檜森、二〇一三）をお読み下さい。

アーツ・インテグレーションの理論的な基礎になっているのは、H・ガードナーのマルチプル・インテリジェンス（多元知能）の理論です。今まで知能指数の検査で測っていたのは言語的知能、論理・数学的知能のみであり、ガードナーによればそのほかに空間的知能、音楽的知能、身体・運動的知能、人間関係的知能、内省的知能などがあります。今までの授業（対面で教師が知識を子どもに注ぎ込む）では、言語的知能、論理・数学的知能が高い子どもたちだけが効率的に学ぶことができますが、他の知能が高い子どもはその方法では効率的に学ぶことができないのです。どんな子どもでも楽しく学べる方法がアーツ・インテグレーションです。

実際にカナダの先生が日本の小学校で何回か授業を行った時に私は参観していたのですが、ふだんは落ち着きのない問題児と見なされていた発達障がい児が、生き生きと積極的に授業に参加していました。その授業は、「余りの出る割り算」をドラマを使って学ぶ方法でした。

先生が生徒に知識を注ぎ込む教育法（先生が教壇で講義し、生徒はそれを聞いて覚える等の授業）は、産業革命以降、工場で働く人を育成する方法だったと言われています。つまり決まり切ったことをきちんとできる人を育てる方法なので、現代のように常に新しい事態に対応し、創造性を駆使していかなければならない時代には合わないのです。

アート表現は非認知能力を高める

前述のリサ・ドノバン先生のオンラインによる研修を最近受けました。先生によるとアーツ・インテグレーションは主要科目で行うものですが、最近では主要科目に限らず他の学びにも適用されてきているということです。つまり近年、主要科目とアートの学びのみに限らず、他にも影響力があること、つまり社会的感情的（social emotional learning）な学習が促進されるということが明らかになったのです。具体的には生徒が自分の気持ちや考えを認識し、自分の感情や考えが自分の行動に与える影響を知り、自分の個性や長所・短所を認め、自信が増すということです。これは昨今注目を集めている非認知能力を高めることに通じます。そして表現アートセラピーの効果として私が注目、強調してきた「自分を知る」という学習がまさにそこで生まれます。

非認知能力とは、社会情動的スキルとも呼ばれています。それは学力テストなどでは数量化されない内面的な能力と言われています。例えば自己認識（自己肯定感、自分を信じる力）、意欲、忍耐力、セルフコントロール、メタ認知（客観的思考力、判断力、行動力）、社会的能力（リーダーシップ、協調性、対応力、応用力、楽観性、失敗から学ぶ）、創造性などです。非認知能力について詳しい中山芳一氏によれば、人の発達を家に例えると家の基礎は自己肯定感、筋交いや柱は非認知能力、窓や壁、天井が認知能力だと述べています（中山、二〇一八）。知識を詰め込む前に、この非認知能力を高める必要性が近年主張されています。

アート表現を行いながら教科学習をすることで、アート表現により自己認識が促進され、自分の個性を肯定し、自分と教科を身近に感じることにより、好奇心が刺激されます。またアート表現を上手下手で評価しない場で行うと、それぞれの表現をシェアすることで他者との肯定的な交流が生まれます。アート表現を成績等で評価しない場の設定はたいへん重要です。アート表現が評価される（上手下手、技術が優れているなど）と、表現が萎縮し、自分を自由に出せなくなります。アート表現にはよい、悪い、上手下手はなく、それぞれの大切な表現として尊重することが大切です。

大人の学習でも芸術的アプローチが注目されている

また大人の学習について研究を行っている成人学習理論という分野があります。最近の知見によれば成人の学習は、もはや個人の認知的な過程にだけ焦点を置くものではなくなっています。成人学習はもっと多次元的で、ホリスティックな現象であり、成人学習ではからだや感情、スピリットが、知性と同じくらい重要であると言われています。成人学習のこの拡大された概念は、実践におけるもっと創造的で芸術的なアプローチへの注意を生むようになってきたと、この分野の重鎮であるシャラン・メリアムは述べています（Merriam, 2008）。

このように子ども、大人を問わず学習において、からだ、感情、スピリット（魂、スピリチュアリティ）の重要性が認識されてきました。アート表現は、からだ、感覚、感情、スピリットというすべてのレベルに関わる行為なので、癒しにも有効であると同時に学習にも有効なのです。私自身は心理的成長と学びは深く関わっていると考えています。

XII　オンラインによる表現アートセラピー

二〇二〇年春からコロナ感染症が蔓延し、私が主宰する表現アートセラピー研究所でのリアルでのワークショップやトレーニングコースができなくなりました。しばらくリアルでの活動は中止していましたが、数カ月後オンラインでのワークや講義の提供、トレーニングコースの提供を再開しました。ズームを使っての提供です。オンラインでの提供における特徴や注意する点を記しておきます。

利点と留意点

ズームのようなウェブ会議ツールを使ってみて発見したのは、参加者の方がリアルの時よりもワークに深く入れるということです。自宅でリラックスして行える、人の目が気にならないためと思われます。特にからだを動かすムーブメントのワークについては、人の目が気にならないだけでなく、人と比べない、ということでリアルよりも深いワークができています。そして地方の方も気軽に参加できます。

その反面、作品（絵など）を実際に見ることができないところが残念な点です。カメラに向けて見せてもらうことでシェアリングなどは通常のように行うことができますが、やはりリアルな場でのシェアリングと比べるとその臨場感は劣ります。そして全体の中で意見を言うのもリアルと比べると難しいようです。ですから小グループに分けてシェアリングをしたり、雑談したりする時間が貴重となります。全体の中で発言が難しい時には、チャット機能を使い、ファシリテーターやスタッフ宛にメッセージをもらうように工夫しています。大学の授業でもコロナ以降、オンラインで表現アートセラピーの講義やワークを行っていましたが、個人的に対応が必要な学生には個別に時間をとってブレイクアウトルーム（ズーム中に少グループに分かれて話す機能）で対応をする場合もあります。

また家族がいて自分の空間をもてないと、自分の本心を語ることが難しくなり、さらにシェアリングの時に、別の参加者の話を家族が聞いてしまうことが問題となります。参加者の方には自分だけになれるスペースを用意するようにお願いしています。自宅以外のスペースを借りて参加する方もいます。

またブレイクアウトルームに分かれてシェアリングをする際に、心理的に安全な環境を作るために、ファシリテーターやスタッフがそれぞれのルームに入ることが必要になります（特に初期段階）。一部屋に一人ずつスタッフが入ることがベストですが、それができない場合にはファシリテーターが各グループを巡回することになります。そのためズームでは、リアルで行うワークショップよりも多くのスタッフが必要になります。研究所で行う場合には、トレーニングコース卒業生などをピアスタッフ（准スタッフ）として、グループに入っていただいています。三〜四人のグループに分かれてシェアリングを行いますので、十〜十五人の参加者がいる場合、四〜五人のスタッフが必要になります。ＰＣ表現アートセラピーでは、分析解釈をしないというルールがあり、心理的に安全な場を守るためにスタッフはその場を見守り、リードする必要があるからです。

継続的なワークをする講座やトレーニングではワーク後のアンケートを実施し、参加者の体験を把握し、改善を検討することがオンラインのワークでは大切になります。それはグループの雰囲気などがオンラインでは掴みにくく、参加者が感じていることも表情からはすべて汲み取れないからです。

必要に迫られて、行うことになったオンラインでのワークやトレーニングですが、地方の方も気軽に参加でき、リラックスして自宅でワークに入れるので、とてもよい方法と考えています。ただしトレーニングコースでは、実際のリアルなワークも必要なので、時々合宿の形で、リアルの体験をコースに入れ込んでいます。

XIII　表現アートセラピーのワーク例――いたずら描きメソッド

誰にでもできるワークの紹介を一つしたいと思います。「いたずら描きメソッド」と命名しました。いたずら描きで心とからだを解放し、自分に出会う方法です。自分の内面や気持ちに気づくエクササイズです。心の深層とつながり、いたずら描きを続けていくことで潜在意識の可能性につながる簡単な方法です。上手下手を気にせず、一枚七〜八分で描けます。それだけで今の自分への気づきがあります。

いたずら描きメソッドとは、誰にもできる簡単な方法です。具体的なもの（花、太陽、人など）を描かずに、抽象的にクレヨンの色と線でささっと表現します。例えば左のような絵がいたずら描きです。別名、めちゃくちゃ描きです。めちゃくちゃでいいのです。三～四歳の子どもが描いたような絵に見えると思います。それでいいのです。それだけで心身が解放され、描いたものからいろいろな発見ができます。

【用意するもの】

クレヨン、画用紙（八つ切り）、百円ショップのスケッチブックなどでよいでしょう。用意できない時はコピー紙でもかまいません。気持ちを解放したいので、色鉛筆やクーピーペンシルでなくクレヨンがよいです。マーカーでもよいでしょう。ただしどうしても色鉛筆やクーピーペンシルを使いたい方はそれでもかまいません。気持ちを解放するにはクレヨンなど太い線や濃い色が出るものがよいのですが、気持ちを出したくない時もあるので、その場合は色の出るものなら大丈夫です。

【やり方】

①何も考えずに、好きなクレヨンを手に取り、線を引いたり、色を塗ったりします。七～八分行いましょう。
　利き手ではない手を使います。
②次に絵を見ながらぴったり来る言葉を三つくらい見つけます。

詳しい説明

①では何色使っても大丈夫です。この時に利き手ではない方の手を使ってみましょう。右利きの人は左手を使います。左利きの人は、絵を描くのが下手な方を使いましょう。上手下手が気にならず、利き手よりも無意識とつながりやすいのです。ナタリー・ロジャーズもこの方法を勧めています。そして手が動くままにしてみましょう。完成させるのではなく、気が済むまでめちゃくちゃ描きをするという感じで行います。気が済んだらクレヨ

ンを置きます。

利き手でない方の手を使う理由は、上手に描くことから解放されるからです。利き手はコントロールが効くので、上手に描こうとしがちです。利き手と逆の手なら理性から離れ、パワフル、または繊細な表現ができます。これでストレスを発散させ、頭から離れて今まで知らなかった自分が顔を出します。そして軽い瞑想状態になり、無意識と触れる準備ができます。

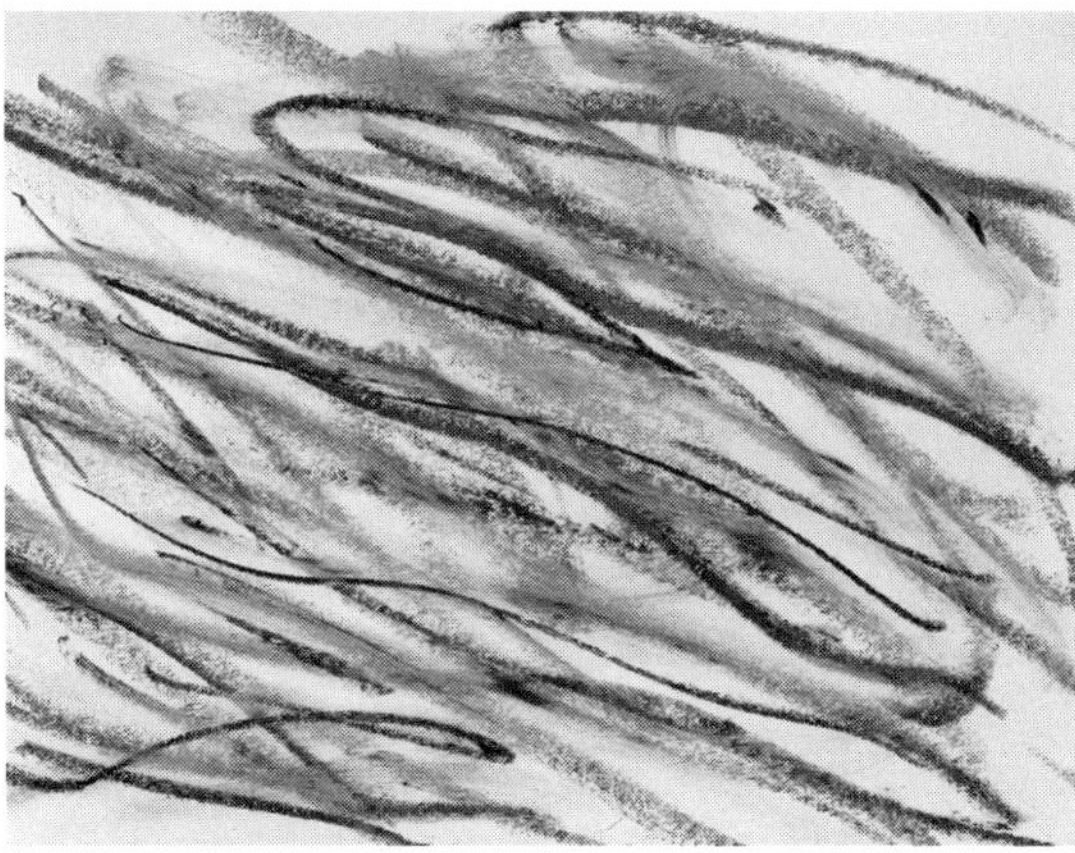
いたずら描きの例・1

いたずら描きの例・2

めちゃくちゃ描きがなぜよいかというと、上手に描こうとしないので無心になり、無意識と簡単につながれるからです。そして描いた絵からメッセージをもらい、気づきが得られやすいのです。具体的に描くと、例えば太陽や人など、その姿にしか見えないのですが、抽象的ないたずら描きは、いろんなものが見えてきます。描いた絵が森に見えたり、花に見えたり、風が吹いていたり、海だったり、動物が見えたりします。

手が動くままが難しい人は、曲線を描く、ぎざぎざの線を描く、好きな色を塗ってみるなど、線や色を使う練習をしてみましょう。それだけでも気持ちが解放されます。

②で見つける言葉は、どんな言葉でも大丈夫、「めちゃくちゃ、重い、軽い、濃い、嬉しい、悲しい、森、海」などなんでもOK。その言葉は、絵の裏に書いておきます。言葉を見つけることで、気づきが生まれやすくなります。後で振り返る時に便利なので、日付や何のエクササイズだったかも書いておきましょう。描いた絵はすぐに捨てないでしばらく保管しましょう。後で見返すと、気づきが深まります。

いたずら描きは、考えずに手が動くままに描くので無意識と交流することを可能にします。このいたずら描きを習慣にしていくことで、自分と無意識のつながりが深まっていきます。

いたずら描きは、何回も回を重ねるごとに気づきやすくなります。描く前と描き終わった後の気分を比べてみてください。気分はすっきりするはずです。

私のアート表現メソッドを習った人は、しばらくすると「私はそのままでいいんだ、と思えるようになった」とみんな言うようになります。自分に何一つ欠けているところはなく、頑張って生きてきた自分、欠点もあるけれど、よいところもたくさんある自分です。自分を受け止め、理解すればするほど、心と体は元気になっていきます。「そのままでいい」は、そこから変化しないのではなく、逆に変化していく最初のステップです。

一枚目を描いて気分があまりよくない方は、明るい色でもう一枚描いてみましょう。私たちは無意識にストレスを溜めがちです。無意識と交流を始めると、最初はストレスやため込んでいたものが現れることがあります。

アート表現を行う上での注意

●評価や批判がなく、分析されない環境で行います。
●自分の作品を批判、ジャッジしない、温かい気持ちで受け止めます。
●私たちは、無意識にストレスやネガティブな気持ちを溜めがちなので、最初に無意識と交流する時は、それがはじめに出てくることがあります。お掃除が必要な時もあります。いたずら描きで気分が落ち込む時は、少し元気になってからやりましょう。
●人によってネガティブをどんどん描き続けて元気になる人と、ネガティブを出しすぎると気持ちが落ち込む人がいます。自分のタイプを知りましょう。

表現アートセラピー研究所では、芸術療法や表現アートセラピーに関する講座やワークショップ、トレーニングコースなどを提供しています。興味がある方は、以下のホームページをご覧ください。

http://www.hyogen-art.com

アーツインテグレーションに興味がある方は、以下のＮＰＯアートワークジャパンのホームページをご覧ください。アーツ・インテグレーションを使って学習を支援する人を養成しています（アートワーク・エデュケーター）。

https://artworkjapan.com

Column
コラム

表現アートセラピーとの出会い

小野京子

ナタリー・ロジャーズとの出会い

私と表現アートセラピーとの出会いは、三十年以上前にさかのぼります。私が専門とする表現アートセラピーは、ナタリー・ロジャーズが確立したパーソンセンタード表現アートセラピー（以下PC表現アートセラピー）です。ロジャーズ派の表現アートセラピーになります。ナタリーの父であるカール・ロジャーズは、人間性心理学の創始者の一人です。

このPC表現アートセラピーのトレーニングを、三十代の頃、ナタリー・ロジャーズから受けました。私はアートセラピストになろうと思っていたわけではありませんでした。臨床心理学を専門に勉強しようと思っていましたが、アートセラピーを専門にしようと意図してはいなかったのです。

私は、日本の修士課程を終了後しばらくして、さまざまな心理療法を学ぶために二十代でアメリカに留学しました。当時の日本には多様な心理療法を学び、体験できる場がありませんでした。いろいろな心理療法が学べるところを探し、カリフォルニアのソノマ大学の大学院に入学しました。当時ソノマ大学は人間性心理学に関わる先生が多かったからです。人間性心理学は人の成長や潜在力を信頼する心理学で、私はたいへん興味をもっていました。

留学時はとてもよい経験になりました。ただ諸事情からアメリカの修士課程は卒業せず、中断して日本に帰国し、その後日本で経済的自立のため働きました。数年してアメリカの修士課程も卒業しようと、指導教官に再開をお願いしたのです。修士論文だけ残っていたのですが、当時指導教官だったアート・ウォマスは、ナタリー・ロジャーズのトレーニングに参加したら指導を再開してくれるというのです。そういう事情があり、参加しないわけにはいきませんでした。それがご縁となり、私はこのPC表現アートセラピーに引き込まれ、その領域を専門とすることになったのです。

ナタリーの研究所は、ソノマ大学から近いところにあり、彼女はウォマス教官の友人だったのです。実はナタリーのことはそれ以前から知っていました。正確に言えば私が最初にナタリー・ロジャーズの表現アートセラピーのセッションを受けたのは、四十年以上前です。ナタリーが父親のカール・ロジャーズと一緒にリードしていたパーソンセンタード・アプローチの国際会議（カリフォルニア開催）でのことです。私はそれに参加していました。そこでナタリーが表現アートセラピーを提供し、私はそのセッションを体験しました。その会議でのことは今でも鮮明に覚えています。ナタリーが全体会の時に立ち上がり、「私はアート表現を用いるワークをしていますので、興味がある人はぜひ参加してください」と発言しました。

のちにナタリーは「私はずっと座っているのが苦手で、座って話すよりもアート表現を取り入れた方が、より早くいろいろな気づきを得られる、という確信をもつようになった」と述べています。その国際会議での数時間の体験は、面白いとは思いましたが、特に強い印象を受けたわけではありませんでした。

ＰＣ表現アートセラピー

私が参加することになったナタリー・ロジャーズによるＰＣ表現アートセラピーのトレーニングは、その当時一回の研修が一〇日から二週間近くありました。そのような集中の研修が卒業するまでに四回あり、四〇〇時間のトレーニングコースとなっていました。合宿形式で行われ、さまざまなアート表現を用いてまず自己探究し、その後、人に提供できるようトレーニングされます。当時参加者は三〇人くらいで、ほとんどがアメリカ人、ヨーロッパから数人、アジアからは私一人でした。サンフランシスコから車で二～三時間の郊外の場所で研修は行われました。

最初のコースは自分の心とからだに深く入っていく自己探求のコースでした。その後ＰＣＡ（パーソンセンタード・アプローチ）の理論を学び、カウンセリングの中に表現アートセラピーを取り入れる訓練、自分がファシリテーターとなり表現アートセラピーのセッションをリードする訓練を受けました。その体験についての詳しい内容は拙書『表現アートセラピー入門』（誠信書房）に譲ります。

そのトレーニングでは、多くの自己発見や気づきを得て、驚くことの連続でした。国際会議での一回だけの体験と異なり、いろいろな表現から自分の内界に旅をする体験は、とても深いものでした。表現アートセラピーの醍醐味は、表現することがとても楽しい上に、自分の無意識のリソースとつながりながら、自分を発見できることです。そして心理的安全と心理的自由を非常に大切にするロジャーズ派のパーソンセンタード・アプローチ（以下ＰＣＡ）の哲学のもとに行われるので、深い安心感と受容される感覚がありました。今まで知らなかった可能性の扉が開かれ、宝箱をつぎつぎ開けるような体験をしました。もちろん無意識の領域には過去の心の痛みやトラウマも存在しますから、注意は必要です。

大学院の授業やワークショップでさまざまなセラピーを体験しました。グループダイナミクス、ユング心理学、ダンスセラピー、アートセラピー、スポーツを通した気づきのクラスなどいろいろな科目がありました。またその頃に個人カウンセリングも受けました。そのどれも貴重な体験でしたが、私にとって真に「癒される」という体験にはつながりませんでした。実際に留学したのは二十代でしたが、このパーソンセンタード表現アートセラピーに出会ったのは三十代になってからです。

そこで初めて「癒される」体験をすることになりました。そしてこれによって自己認識が変わり、自己肯定感を高める結果となったのです。それは一つにロジャーズ派の心理的に安全な環境があり、そしてさまざまなアート表現を組み合わせて用いることで、無意識のリソースに触れることが可能だったからだと思います。ナタリーのトレーニングでは、スタッフや参加者同士によるサポートがとても厚かったことを、感謝とともに思い出します。ロジャーズ派は、私にとって大学時代の恩師、拓植明子先生から学んだ哲学でもあるので、懐かしくもあり、安心できる流派だったのです。拓植先生は、ご自身のアメリカ留学中カール・ロジャーズから直接指導を受けていました。自分の拠って立つ流派との出会いは、ご縁なのだと感じます。

無意識の潜在力に触れる体験

トレーニング中に、無意識の潜在力に触れた体験を少し述べたいと思います。ナタリーのトレーニングの中でパワーアニマル（守護動物）と出会うセッションを受けた時のことです。まずいろいろな動物になって動き、動物のもつエネルギーを感じるように指示があり、参加者はさまざまな動物になって広いスペースを自由に動きました。動物になってみると、象は誇り高く、イルカは遊び好き、鳥は自由というように、確かにそれぞれの違いを感じました。その後ぴったりくる動物を一つ選んで、その動物になって動いていきました。その時私がなってみたのが狼でした。理由はわからないのですが、その時一番ぴったりきたのです。狼になってみると、夜の森を走っているイメージが湧いてきました。他の参加者は、鳥になったり、魚になったり、思うままに動いていました。

狼（私）は一人で森を走っているのですが、とても爽快で自然との一体感を感じています。私は寂しさというテーマを当時もっていました。ところが森の中を走る狼は、寂しさはまったくなく、loneliness ではない solitude、爽やかな孤独とでもいう感覚を感じていました。PC表現アートセラピーではいくつかの表現媒体を組み合わせていくので、動物として動いた（ムーブメント）後、絵や粘土、ライティングでその体験を表現しました。

当時寂しいという感情に悩んでいた私にとって、このsolitudeを体験できたことは、まさに無意識の潜在力に触れた体験でした。まず体験を絵にして、その後で寂しさを楽器（ベル）で表現した時に、寂しさのグラデーションというか、いろいろな寂しさを感じることができました。辛い寂しさ、静かな寂しさ、甘い寂しさなど、一つの「寂しさ」という言葉ではとらえられない、言葉を超えた領域を体験することができました。

その時感じたのは寂しさのポジティブな側面です。例えば、寂しさがあるから人と交流したいという気持ちになるし、一人でいても寂しくない、充実した一人（aloneness）という側面もあることが改めてわかりました。これは私にとって大きなインパクトでした。ネガティブと思っていたひとりぼっち、寂しさにポジティブな側面があること、また寂しさの一連のスペクトラムを知ることができました。私の体験が示すのは、ユングの言うように私たちそれぞれの中にさまざまな可能性があり、今現実に自分の人格として現れているのは、その一部であり、他の可能性も顕現することが可能だ、ということでしょう。無意識の中には、ネガティブなもの（過去の心の傷など）も存在しているのですが、アートセラピーという船に乗り、セラピストという船頭のもと、安全に航行し自分の無意識の潜在力に触れることができます。

批判や分析のない心理的に安全な環境で、表現アートセラピーを用いていくことで、「自分はこうだ（例えば私は寂しい人間だ、こんな欠点がある）」という固定概念から離れ、思ってもない自分と出会い、無意識の潜在力や生命力に触れることができました。

このトレーニングコースでの私の体験を表す詩があります。最初に私が書いた本である『表現アートセラピー入門』（誠信書房）にも載せたのですが、この詩がアート表現によって開かれる扉をよく表しているので、再度ご紹介しておきます。

内的世界を探求する
自由

絵や、ダンス、音や音楽、ライティング
分かち合うことを通して

悲しみ、泣き、怒り、笑い、叫ぶ
または沈黙する
自由

全ての感情と共にいる
自由

自分を表現する
自由

自分でいることが許される
自由

新しい人生、新しい空気が
私を訪れた

自分をかたくなに閉じていなくてもよいから
自分の中にあるものを恐れなくてよいから

うちなるものに表現の形を与えるや否や
そこに何があるかを私は知る

知ることの力
自分と再び出会う

そこには仲間がいる
仲間との分かち合い
私は支えられ、深まる

そして新しい成長の扉が開かれた
やさしく、ゆっくりと

第2章

表現アートセラピーの医療と教育現場における応用

笠井　綾

表現アートセラピーは、さまざまな応用が可能です。本章では、実際にどのような場で活用されるのか、例をあげながらご紹介します。まず、①医療の場での応用。はじめに、総合病院での統合医療の一環としての応用、特に担当するケースが多く、取り組んでいたペインマネージメントについて。そして、園芸や、タッチドローイング、造形を応用したワーク。次に、救急精神医療施設での応用。また、表現アートを用いたスーパービジョンや、スタッフのケアについてご紹介します。次に、②保育園、幼稚園での応用。最後に、私のライフワークでもある、③平和のための表現アートの応用についてご紹介したいと思います。

I　総合病院における統合医療の一環としての表現アートセラピー

カリフォルニア統合学研究所（ＣＩＩＳ）でカウンセリング心理学と表現アートセラピーの二年間の基礎学習

を終えて、三年次に実習をしたのは、大きな総合病院でした。この病院は統合医療も取り入れており、表現アートセラピーをはじめとするさまざまなクリエイティブ・アーツセラピー（諸芸術療法）、ボディワーク、スピリチュアルケアなどのセッションをケアの一環として受けることができます。私のいたポスト・アキュート・ユニット（救急後病棟）は、手術後のリハビリや緩和ケアのための入院が多い病棟でした。平均入院期間は約二週間でしたが、長期のリハビリが必要な場合や、安全な退院先の確保に時間がかかる場合もあるため、長い場合は数カ月に及ぶケースもありました。病棟には三つのフロアがあり、ベッド数は合計約七〇床。入院中の生活の質（ＱＯＬ）を高く保つためのケアを行い、そのためのスタッフを配置することが条例によって義務付けられており、表現アートセラピストはこの一端を担っていました。

この病院では表現アートセラピーを学ぶ心理士の実習生を積極的に受け入れていました。入院患者やその家族だけではなく、医療スタッフや、組織そのものを「ケア」するには、また、仕事を続けていく上で、ケア従事者のバーンアウトを防ぎ、セルフケアを行うには、日々どのようにあるべきかをミーティングで常に意識し、話し合い、考えさせてくれるチームでした。セラピースタッフのオフィスには小さなオルター（祭壇）が設けられ、新しい年度が始まると、それぞれ「なぜここで働くのか、何を大切にしたいか」を象徴するオブジェやアート作品を持ち寄り、ミーティングの中でストーリーをシェアします。長期間関わってきた入院患者の方が亡く

オルターの例：なぜこの仕事をしているのか、今日一日何を大切にしたいのかを意識してからフロアに向かう

なると、スタッフが自分たちのグリーフをプロセスするためのメモリアルの時間を設けるなど、ケアの従事者が自分の気持ちに蓋をしてしまうのではなく、気づきを大切にし、またそれを分かち合えるように、さまざまな工夫や試みが行われていました。

多くの実習生は、州の心理士免許の取得を目指しており、さまざまな心理ケアの方法を統合的に用いたサポートを行います。その中で、提供していたケアのいくつかを、ワークの例やそのやり方も交えながら紹介したいと思います。

この節は、大学院と病院の倫理委員会の承認と、クライエントのインフォームドコンセントを得て英語で執筆した修士論文（Kasai, 2008）の一部を日本語訳し、大幅に加筆修正したものです。これらのケースは、他者によって個人が特定されないよう名前や詳細を変更しています。作品は公開の許可を得たものを掲載しています。

１．ペインマネージメント

すべての痛みは、たとえ原因が見つからなくても、その人がそれを「痛み」だと感じているならばリアルなものとして扱います。痛みの研究を推進する International Association of Study of Pain（IASP）によると、痛みとは、「実際の組織損傷や潜在的な組織損傷に伴う、あるいはそのような損傷の際の言葉として表現される、不快な感覚かつ感情体験」（日本ペインクリニック学会、二〇一二）とされています。

ひどい身体的な痛みは全人的な体験であり、多くの場合さまざまな感覚や心のありように影響を与えます。痛みをもつ入院患者をどのようにサポートするかはチーム医療の中で行う大切なケアの一つ。統合医療では、薬物や身体機能のリハビリなどの一般的なペインマネージメントの他、場合によってはイメージ療法が取り入れられることがあります。視覚だけでなく、その他の感覚を用いたイメージや、思考のイメージは、さまざまな痛みの軽減に効果があることがわかっています（Syrjala & Abrams, 2002）。セラピストが身体的な痛みをもつクライエントにイメージ療法で働きかける場合は、一つの感覚に基づいたイメージに限定するのではなく、他の感覚を使ったモダリティ（媒体）を複合的に使うことが助けとなると考えられます（Furniss, 1998）。

ケース1：「暗いごちゃごちゃした塊」

ティナ（仮名）は首の骨の損傷からくる慢性痛をもっており、治療とリハビリのため二週間入院していました。娘の家に近い病院への転院を数日後に控えていましたが、その病院まで車で数時間かかるため、移動時にひどく痛むのではないかという心配から不安が強く、看護士からセラピストに、様子を見ながらサポートを試みるようにとのリクエストがありました。鎮痛剤の処方など、痛みを軽減するために必要な治療はすべて適切に行われていましたが、それでも痛みを感じる時間があり、少しの痛みも不安につながる様子だということでした。

私がドアをノックして部屋に入ると、ティナは首を固定された状態でベッドに仰向けに寝ていました。彼女からよく見えそうな位置に移動して挨拶すると、力強さと不安が入り混じった声でお返事がありました。お互いに自己紹介が終わると、彼女は自分の体調や気分について話してくれました。「でもどうしてこんなに不安なのか自分でもわからない。最良の治療を受けていて、回復の希望もあるのに……。数日後の移動のことを考えるととても怖くて……」。セラピストは彼女が自分の不安を紐解き理解するために、イメージのワークをすることを思いつき提案しました。「いいですよ。できることはなんでもやってみたい。どうせここに寝ていなきゃならないんだから！」

ティナが痛みのイメージを想像すると、それはすぐにはっきりと現れました。「暗いごちゃごちゃした塊！」。彼女は安静にしていなければならず、からだを動かせないため、彼女に許可を得て、セラピストが彼女に指示をしてもらいながら色紙を使ってそのイメージを作ってみました。五分ほどで、毛羽立ったり、尖った角のある暗い色のごちゃごちゃした塊が出来上がりました。一緒にそのイメージについて気づいたことをシェアしていると、ティナはそのイメージに対して強い嫌悪感を感じると言いました。そして、そのイメージにははっきりとした人格があることがわかってきました。それはとても意地悪な感じでした。ロールプレイの手法を使ってセリフをつけてもらうと、ティナは「暗いごちゃごちゃした塊」になりきって話し始めました。「お前を傷つけ、ひどい目に遭わせてやる。幸せや喜びを感じられないようにしてやる。お前は幸せや喜びに値しないんだからな」。ロールプレイで、今度はセラピストが「暗いごちゃごちゃした塊」の役を引き受けて演じ、セリフを何度か繰り返すと、ティナは痛みに向かって口論を始めました。

「あっちに行きなさい！　あなたに私の幸せや喜びを奪わせてなるものですか！　私が自分自身の人生を生きることをやめさせることは誰にもできません。そう、たとえあなたでもそれだけはできない。私にこれ以上近づかないで！　私の前から消えて！　あなたには絶対に負けない！」

そして、ティナは力強い感じで、セラピストに言いました。「その暗いごちゃごちゃした塊をビリビリに破って部屋の外のゴミ箱に捨ててちょうだい！　そいつと一緒の部屋に居たくない！」。彼女がからだを動かすことができていたら、自分で行っていたであろうパワフルな行動をセラピストが代行する間、彼女には自分でやっているように想像し、みなぎる力を自分の体でも感じてもらうようにしました。

「ああ、すっきりした。いい感じ！」。彼女は痛みに対して言いたいことを言い、また象徴的に「暗いごちゃごちゃした塊」との戦いに打ち勝つことができて誇らしげな感じでした。

その誇らしい感覚をしばらく味わってもらった後、セラピストはティナに癒しのイメージを作りたいか尋ねました。それはすぐに思い浮かんだらしく、彼女は、「紙の上に表現するには美しすぎるから、紙は使わなくていいです」と言い、話し始めました。

「虹色の光がシャワーのように降り注いでいます。私はその光の中に浮かんでいる。とても美しい。静かで平和です。これは誰にも壊すことができない私の中の場所。私の中の喜び。私の中の神聖な場所です。痛みもここに入ってくることはできない」

ティナの目から涙があふれ、そのイメージをとても心地よいと感じているようだったので、からだのすべての感覚を使ってそのイメージに留まりしばらくの間味わってもらいました。目を開けると彼女は言いました。「ワオ！とても素晴らしい場所だった！」。表情は明るく穏やかでした。

二人でセッションを振り返りつつ話を続けます。ティナは、痛みからのメッセージは、威圧的で攻撃的だった彼女の親や、別れたパートナーの声とよく似ていたと言いました。これらの威圧的で攻撃的な声は、いつの間にか内なる自分の声となり、身体的な痛みによってこれらの声が呼び覚まされたのかもしれない、と言いました。このプロセスを通して、ティナは過去の傷つきや、内在化されたネガティブな声が、痛みの感じ方や不安とつながっていたことを認識しました。また、痛みと、彼女の喜びに満ちた人生との間の感情的な境界線をはっきりと強化しようとしました。そして彼女は「痛みに対してどのように感じるかは自分次第だと思えます。数日後の移動も大丈夫。私は乗り越えられる」という自分なりの対処法を導き出しました。痛みと不安に圧倒されている様子はなくなり、痛みに対する自分の反応は「対処することができる」と、自信と威厳に満ちた態度と表情になりました。

このケースが示すように、痛みを体験する人の認識は多層的です。この場合は感覚を複合的に用いたイメージが、クライエントがその時プロセスを必要としていた層にセラピストとクライエントを連れて行ってくれたのでしょう。クライエントの作る痛みのイメージは多くの場合、こちらが意図的にガイドしなくてもとても複合的です。痛みは全人的で複合的な体験ですから、複合的なイメージを用いることによって、立体的な生き物として目の前に現れてくれるようです。それはあたかも妖怪に対面しているかのようです。そしてその姿も、対処法も一人一人違うのです。

痛みにイメージを用いて対処する方法は近年いろいろと開発されており、「ペインマネージメント」に関する多くの対処法の本では、自分でできるイメージ療法のガイドや音源が付録になっています。もちろんこれらのツールは活用されるべきでしょう。そして、セラピストとセッションができる場合は、クライエントの資源、創造性、想像力を活用し、独自のイメージを引き出すお手伝いをすることでより効果的なセッションになるのではないでしょうか。クライエントはそれぞれユニークな痛みとの関係性を築いていています。想像するイメージは一人一人とてもオリジナルで、対処方法もとても機知に富んでいます。何をイメージするのも良しという完全な自由の中に意識を解き放つことによって、その人と痛みとの関係性のユニークな側面が浮かび上がり、ユニークな対処方法を創造する助けとなります。現在ではスマホなどを使って簡単に録音することができますから、クライエント独自のイメージを用いたイメージ療法の音源を一緒に作成し、痛みに圧倒されそうになった時に使ってもらえるようにするのもよいでしょう。

2．痛みに対処する資源を探るイメージワーク

痛みと対話し、痛みに対処する資源（助けとなるリソース）を探るためのイメージワークをご紹介します。前出のケースはこれをベースに行いました。これは、あくまでも参照のための台本（スクリプト）です。視覚的なイメージ、手触り、音や音楽、動き、セリフなど、助けになりそうな感覚イメージを膨らませるためのガイドとし

て使います。セッションの中で、クライエントがイメージを膨らませていく時に少し行き詰まったら、このスクリプトを参考にする程度、と考えて使うとよいかもしれません。また、ひとたびイメージが膨らみ始めると、視覚的なイメージ、手触り、音や音楽、動き、セリフなどは複合的に現れることがあります。そうしたら、台本から離れて、または自由に応用して、豊かなイメージの世界を探求するサポートを行います。

このスクリプトは実際にクラエントに使う前に、必ず同僚との勉強会やスーパービジョンなどで練習し、アシストするタイミングや声の調子などもよく吟味してから使うようにしてください。そういったサポート資源が少ない方は、自分で音声を録音し、聞きながら自分でやってみるとよいでしょう。また、言うまでもありませんが、このようなワークは、痛みに対する医療的な診断や適切な処置が医師によって行われていることが前提です。それを確認した上で、医療チームの了解のもと心理サポートの一環として適切な場合に活用してください。その上で、本人がぜひやってみたいと希望する場合にのみ、十分なインフォームドコンセントを経て行います。インフォームドコンセントには、「いつでも中止してよい」「いつでも医療スタッフを呼ぶことができる」などを含みます。

からだや痛みにフォーカスすることは、トラウマを喚起することがあり、クライエントによっては苦痛が増す可能性があることも考慮する必要があります。このスクリプトは、もともと痛みの真っ只中にある人向けに作ったものなので、まずその人が訴えている痛みに注意を向けることが特徴的ですが、もちろん人によっては、リラクセーションのイメージを先に行った方がよい場合もあり、そこは臨床的な判断が必要です。

またこれはイメージを使っており、会話をすることができればベッドに寝ていながらでも参加できるワークです。これは、苦痛の中では、素材を使った創作をすることが難しいことから編み出した方法ですが、クライエントの体調や気分によっては、実際にアートワークを行うなどさまざまに応用することができるでしょう。

スクリプト

これからイメージのワークを行います。このワークは、あなたがご自分の痛みや気持ちを理解したり、対処したりするために役に立つかもしれません。まず「痛み」のイメージ、その後で「痛みの和らぎ」のイメージを想像します。痛みは心とからだからのメッセージを含んでいるかもしれません。それらにしばし耳を傾けてみましょう。セッションを続けるのが苦痛だと感じたら、いつでも中断してかまいません。

今感じている痛みを〇から一〇の数字で表すと、どのあたりですか?

ありがとうございます。ではイメージを見ていきましょう。目を閉じるとイメージが浮かびやすいかもしれませんが、目を閉じても開いていてもどちらでもかまいません。より心地よくやりやすい方を選んでください。

まず一分ほど呼吸を意識してみます。（人によっては、ボディスキャンやグラウンディングを行ってもよい。）

では、今痛みを感じている部分を意識してみましょう。その痛みが目に見えるものだと想像してみてください。どんな風に見えるでしょうか?（その人にとって想像しやすい感覚から始める。一般的には視覚的なイメージがやりやすい。）

必要に応じて以下のような質問をする。

色は?　形は?　どんなテクスチャー（手触り）?　大きさは?　他にはどんな特徴がありますか?　このイメージを見てどんな気分ですか?

もしこのイメージに音があるとしたら、どんな音がするでしょうか?（様子を見ながら）

音にはどんな特徴がありますか？

その音を聞かせてもらうことはできますか？

その音がどんな音なのか教えていただけますか？

他にはどんなことに気づきますか？

このイメージに動きがあるとしたら、どんな風に動いているでしょうか？（様子を見ながら）

どのような動きなのか教えていただけますか？

もしも、からだの一部を無理なく安全に動かして、動きやジェスチャーなどでその痛みを表現することができたらやってみることはできるでしょうか？

他に動きの特徴はありますか？


（臭覚は必要に応じて使うこともありますが、多くの場合ネガティブな痛みのイメージに匂いを導入すると不快感が増すため、ほとんど導入したことはありません。自然に出てきた場合は受け止めます。）


痛みのイメージが、もしあなたに対して言葉を発することができたら、何と言っているのでしょうか？（様子を見ながら）

どんな風に言っていますか？

どんな声ですか？

聞こえるのと同じように言ってもらえますか？

他にどんな特徴がありますか？

このようなイメージを見ながらどんな感じがしますか？

このイメージに対して何か言いたいことはありますか？（この部分でクライエントと痛みの関係性が表現されることが多い。クライエントの資源と想像力によるが、この部分に十分な時間をかけてよい。）

あなたの痛みのイメージは「（クライエントが表現したことをまとめる）」ですね？

もし何か間違っていたら教えてください。他に何か付け足したり変えたりしたいことはありますか？

（右記のどの部分でもプロセスが深まりすぎる可能性がある。その場合は目を開けてもらって話をするなど、不快感に留まりすぎないよう配慮する。）

痛みのイメージを作ったように、今度は痛みの和らぎをイメージしてみましょう。痛みのイメージはいったん横に置いておきます。（痛みのイメージを完全に消さないのは、痛みの和らぎのイメージが痛みのイメージと何らかの関係性をもっていることもあるので、その可能性を残しておくという意味があります。また、痛みのイメージと対話する中で、痛みのイメージをやっつけて壊してしまう人もいれば、痛みのイメージが痛みの和らぎのイメージに自然に変容していく場合もあります。ですからこのスクリプトはあくまでもガイドとして使い、イメージの自然な展開についていくようにするとよいでしょう。）

また目を閉じて、呼吸に意識を向けてみましょう。（一分ほど）

そして、自然に呼吸をしながら、ハートにも意識を向けてみましょう。（それが心臓を意味するのか、チャクラを意味するのか、心を意味するのか、また心がどこにあるかは文化によって異なるので、その人の解釈に任せます。多くの場合は心臓や心に意識を向けるでしょう。）そしてあなたのハートが、痛みの和らぎ、または痛みからの休息のイメージを与えてくれるとしたら、どんなイメージでしょうか？

何が見えますか？

色は？　形は？　テクスチャーは？　大きさは？　他にどんな特徴がありますか？　このイメージを見ながらどんな感じがしていますか？

もしこのイメージに音があるとしたら、どんな音がするでしょうか？

何が聞こえますか？

その音はどんな感じですか？

もしこのイメージに動きがあるとしたらどんな風に動くでしょうか？

どのような動きか教えてもらえますか？

もしも、からだの一部を無理なく安全に動かして、動きやジェスチャーなどでそのイメージの中の動きを表現することができたら、やってみることはできるでしょうか？

他には何か特徴がありますか？

そのイメージが、あなたに何か語りかけることができるとしたら、何と言っているでしょうか？（様子を見ながら）

どんな声ですか？

聞こえるように言ってもらえますか？

どんな風に言ってくれているか、他に何か特徴がありますか？

このイメージを見てどんな感じがしますか？

このイメージに対して何か言いたいことはありますか？

（ここで時間を十分とり、イメージをさらに膨らませたり、対話を深める。）

ではセッションを終える前に、十分にこの「イメージ」やこの「感覚」を味わってください。そしてこの心地よい感じをからだの隅々まで行き渡らせてみましょう。

セッションはこれで終わりますが、いつでも好きな時にこのイメージを呼び戻すことができます。ぜひご自分でもやってみてください。

ではゆっくりと、呼吸に意識を向けて、からだが（ベッドや椅子に）支えられていることを感じてください。そしてゆっくり目を開けて、部屋を見回してみましょう。（グラウンディングとオリエンテーションが十分にできているか確認。セッション全体を振り返ることが適切だと判断できれば、以下のように続ける。苦痛が軽減された様子があり、心地よさを長く味わってもらった方がよさそうな場合は、振り返りをごく軽めに行ってセラピストはいったん退室し、別の機会に振り返るなど、セッションの終わり方は臨機応変に！）

どうでしたか？（必要に応じて、十分に時間をかけて振り返る。）

このセッションを通して、痛みのイメージと、痛みの和らぎのイメージを見てみました。考え方の一つですが、こういったイメージを自分の内側からのメッセージであるととらえ、コミュニケーションをしていくことができます。厄介な痛みと付き合っていく一助となるかもしれません。このようなプロセスが助けとなると感じたら、ご自分で続けられてもよいですし、またセラピストと一緒に行うこともできます。

このようなワークは、必ずしも身体的痛みを軽減することはできないかもしれないが、その人と痛みとの関係性を変えることはできるかもしれない、というスタンスで行います。まず、痛みを色や形や音で表現したり、セリフを考えたりすることによって、「痛み」を外在化することができます。すると、痛みの体験を他者と共有しやすくなり、他者の共感を得やすくなります。また、その人と痛みの関係性がわかりやすくなり、本人も痛みとの付き合い方を考えやすくなります。関係性が変わると、結果的に痛みの感じ方が変わり、痛みの軽減につながるケースもありました。

ケース2：「ワイルドハイエナ」

モナさん（仮名）は、八十代。大腿骨の骨折で手術を終えたばかりです。手術からの回復は順調で、彼女の感じている痛みは、手術が行われた部分ではありませんでした。痛み止めの処置や投薬はされているが、不快感があるということで、サポートをするよう依頼がありました。「おかしいですね。痛いのは手術をした側ではないんですよ。足が自分のからだの一部ではないように感じるのです」。この痛みはモナさんが長年付き合ってきた痛みではあるけれど、転倒した二年前から悪化したようでした。「長年のリウマチの悪化でボロボロになっているのだと思います」。痛みのレベルは一〇段階中四。スクリプトを使って、彼女の痛みのイメージと、痛みの和らぎのイメージを作ってもらうと、野生のハイエナのイメージが出てきました。

一匹の野生のハイエナがいます。私がハイキングをしていたら、突然ハイエナが現れたのでびっくりしています。ハイエナはお腹を空かせているけど、私は食べ物をもっていません。食べ物を取りに行った方がいいと思うけれど、後ろを向いたらハイエナがジャンプして襲いかかってくるかもしれません。私に向かって唸っています。ハイエナと向き合っています。私は後ずさりをしています。怖い気持ちです。後ろを向いたら襲いかかってくるんです。だから動くことができません。ハイエナは、「お前を痛めつけるぞ」と言います。だから言い返します。「あっちへ行きなさい！　放っておいてちょうだい！」

とても凶暴なハイエナのイメージに、モナさんは不快を感じました。しかし、同時にそのイメージを作ることを楽しんでいるようでした。次に痛みを和らげるイメージをしてもらうと、美しい谷の風景が出てきました。

とても平和で、静かな場所です。山の谷。春です。湖には水があって、その水は癒してくれるのです……。私の体はリラックスして安らいでいます。

さらにこの風景からのメッセージを受け取ってもらうと、こんな感じでした。

「たとえ本当に行くことができなくても、毎日時間をとって、この場所を楽しみなさい。思い浮かべて、平和を感じるのです」

モナさんは、目を開けると、明るく驚いた表情で言いました。「とてもリラックスしています。そして痛みはどこかへ行ってしまった！」

この病院では、もしこのようなワークをやってみて、たとえクライエントと痛みとの関係性が変わらなかったとしても、身体的、心理的負担が最小限になるようカウンセリングによるアフターケアを提供する、というルールでこのワークを提供していました。

最初は、特に高齢者の方々は、こういったワークになじみがなく、イメージワークに対する抵抗が強いのではというスタッフの懸念がありましたが、多くの人が積極的にワークに取り組み、出てくるイメージがとても豊かで遊び心に満ちていることにスタッフの方が驚かされました。それは、一人一人の想像力によるものですが、病棟のチーム医療の中で、医療スタッフが毎日適切な治療やリハビリを行い、よい治療関係を構築した上で、患者の方々の「やってみよう」という気持ちが引き出されたのだと思います。そして毎日当たり前のようにアートや音楽が提供され、スタッフが、コンパッション、ユーモアと遊び心をもって入院患者の方々に接するフロアの文化を何年もかけて創ってきたからこそ、セッションの中で患者の方々のクリエイティビティが引き出されたのであって、決して表現アートセラピストの個人プレイではないといつも感じていました。クリエイティビティが引き出されるような、フロアの文化を創ることを、表現アートのチームはいつも意識していました。

3. ペインマネージメントのグループ

病棟では毎日10：15から11：00までの四五分間、さまざまなサポートグループを提供していました。先述のティナさんのケースから、ペインマネージメントの心理サポートに表現アートが役立つのではと思い、週に一回、表現アートをベースとしたペインマネージメントにフォーカスしたグループを始めました。ワークのいくつかをご紹介しましょう。

ワーク：痛みが安らげる場所

ペインマネージメントのイメージワークを表現アートのグループに応用したものです。

【目的】

- 痛みの体験を言語・非言語の表現を通してグループで分かち合い、痛みの体験の孤独感を軽減する。
- クライエントと痛みの関係性を理解する。

●痛みに対処するための心的リソースを増やす。

【準備するもの】

台紙となる画用紙、手で握れるサイズのいろいろな形やテクスチャーの石、カラーティッシュ、のり。

最低限この四つですが、その他、立体的な風景が製作できるクラフト素材がいろいろあるとなおよいです。ただし多すぎると選ぶのが大変になるので、その日のグループメンバーそれぞれの状態を考慮します。

ファシリテーターは、まずグループ参加者を歓迎。グループの目的や、安全のために守ってもらいたいことの説明をします。そして、それぞれの簡単な自己紹介、今日特に調子のよいからだの部分に気づいてみるなど、まずリソースに注目するウォームアップを行ってから本題に入るとよいでしょう。

ファシリテーターのインストラクション例：「このバスケットに入った石の中から、あなたのからだの痛みに近い感じのするものを一つ選んでください」。「ここにしっくりくるものがなければ、使わなくてもかまいません し、何か他のものを使ってもいいです」

痛みを緩和するための必要な治療が適切に行われて、痛みの感じ方がひどくない場合は、ここでそれぞれのからだの痛みについて語ってもらいます。どこがどのように痛むかという、それぞれの痛みの強さや特徴にフォーカスする必要はなく、「痛み止めが効くまでの時間が辛い」「痛みをうまく伝えるのが難しい」「刺すような痛みが突然やってきて、突然なくなるから、痛み止めをリクエストするタイミングが難しい」「痛みを数字で表してと言われるけれど難しい」「痛みさえなければ一人暮らしが続けられるのに」「退院したら痛みをコントロールできるか不安」など、痛みと生活していく上でのさまざまな課題が話題になります。参加者同士の傾聴と共感が助けになります。痛みに対する不快感や不安が強い人がいる場合は、様子を見ながら、痛みにフォーカスする時間は短くして、痛みを和らげるイメージの方により多くの時間を費やすようにすることもあります。

ファリシテーターのインストラクション例：「では、皆さんそれぞれの痛みが、少し安らげるのはどんな場所か想像してみましょう。実際に行ったことがある場所でも、行ったことがない場所でも、空想の場所でもかまいません。それを思い浮かべてみてください。そして、それを画用紙の上にカラーティッシュペーパーや他の材料を使って立体的に表現してみませんか？　思うようにいかず助けが必要な場合はスタッフに言ってくださいね」

十五分ほど制作。リラックスして取り組めるような音楽をかける。雑談するもよし、没頭するもよし。

製作が終わったら、痛みの石を実際にその風景の中に入れてもらいます。そしてそれぞれの作品についてシェアしてもらいます。ファシリテーターは、遊び心を取り入れ、「さあ、皆さん旅行に行く準備はできましたか？安らぎを与えてくれるいろいろな場所を一緒に旅しましょう」と、ツアーガイド風にファシリテートすることもあります。そんな時は、自分の安らぎの場所に、他のグループメンバーが訪問してもよいという作者の了解を得られたら、みんなでしばし、その場所を想像して味わい楽しみます。

マーサさん（仮名：骨折で手術。八十代。作品名：ミシシッピリバー）

「私は子どもの頃、ミシシッピ川の近くに住んでいたんですよ。家の前のポーチに座って、流れていく大きな川を眺めているのが大好きでした。川には橋がかかっていた。大きな川がどんどん流れていくのを見ると心が落ち着きます」。マーサさんは、子どもの頃、辛いことがあったり、落ち込んだりすると、力強く流れる川を眺めることが助けになったそうです。川は今でも鮮明に思い出され、心の中にある風景として大切にされていました。

ドリーさん（仮名：五十代。作品名：ローズガーデン）

母親が痛みの緩和のため入院。母は痛みを訴えるが、認知症のため、どこがどう痛いのか伝わりにくく、母思いのドリーさんは辛い思いをしていました。「母は花が大好きで、庭の手入れをするのも好きでした。今日は近くの公園を通ったらバラの花がたくさん咲いていて、母とよく散歩したのを思い出しました。とてもよい香りがしていました。母を連れて行ってあげたいけれど、それは難しいから、見せてあげられるようにローズガーデン

ミシシッピリバー

ローズガーデン

を作りました」。ドリーさんは工夫してとても立体的なローズガーデンを作りました（!）。お母さんの痛みを象徴していた石はいつの間にかバラの茂みに埋もれてしまいました。そしてみんなにぜひ匂いを嗅いでほしいと、ドリーさんはグループを招待しました。私たちは、交互にバラの花に顔を近づけて「甘い匂い」を嗅ぎました。他のグループメンバーが「ここでお茶でも飲みましょうよ」と言ったので、（空想の）お茶を用意してみんなで一服しました。

このような感じで、一人一人シェアリングをした後、最後に、このグループから得た大切にしたいことやイメージを言葉とジェスチャーなどで表現してもらいグループを終わります。ジェスチャーに正解はありません。例えば、上記のドリーさんは、「ガーデンパーティー」と言って、ティーカップでお茶を飲むジェスチャーをしました。ファシリテーターの私も参加して、「流れ」という言葉とともに、からだに沿って滝が流れていくようなジェスチャーをしました。

4. ファミリーサポート

緩和ケアで入院してこられる高齢者は認知症の方も多く、痛みを訴えても、本人の口からどこがどう痛いのかを伝えることが困難な場合もあります。さまざまな認知障害、言語障害の場合も、痛みを的確に伝えることが困難です。つらい様子を目の当たりにするのは介護する家族や近親者（ここでは、ケアラーとする）にとっても不安や苦痛となり、ケアラーが病院で長い時間を過ごしたり、頻繁にナースコールをするなど、ケアラー自身のバーンアウトや、医療スタッフとの関係性の悪化につながることもあります。このような場合、医療スタッフからサポート依頼があり、ソーシャルワーカーらとともに、チームでケアを行っていました。

入院患者本人のアセスメントと同時に、ケアラーの話にも耳を傾けます。そして、適度な頻度で調子を尋ねるなど、コミュニケーションをとりながら、関係性を構築し、この病棟で受けられるさまざまなサポートについて紹介します。毎朝の表現アートのグループにお誘いすると、ケアラーも一緒にセッションに参加してくださるようになることも多いのです。そして、患者本人が参加できない時でも、ケアラーだけで参加してくださるようになることがあります。最初は患者の話しかしなかったケアラーが、徐々に自分の生活のことも話すようになります。病院との適度な関係を保ちつつ、仕事や趣味、自分の家族や友人との時間を大切にし、介護を続けながらも次第に自分の生活にも戻っていけるようサポートします。ケアラーが病院にいる時間も、穏やかに過ごせるよう、表現アートのセッションでサポートすることができます。

5. 表現アートセラピーのグループワーク

総合病院では、ペインマネージメントの他にも、表現アートセラピーを応用したさまざまなグループワークを行っていました。いくつかをご紹介します。

ワーク：お金で買えないギフト

アートセラピーでよく使われる「セルフボックス」というワークがあります。自分を象徴する箱を作るワークで、クリエイティブ・アーツセラピーを学んだ人は授業の課題として作ったことがある人も多いのではないでしょうか。このようなワークは、参加者の機能レベルやその日の体調によって、さまざまに応用することができます。例えば、クリスマスの時期にはペインマネージメントのグループで「お金で買えないギフト」というボックスを作るワークをしました。英語の「ギフト」は、贈り物という意味だけでなく、その人がもつ「資質」や「長所」などの意味があります。

【準備するもの】

いろいろなサイズの小箱、それをデコレーションするためのさまざまなクラフトの材料、コラージュ用の切り抜きなど。

ファシリテーターのインストラクション例：「最近の自分に送ってあげたいギフトはなんでしょうか。この贈り物はお金で買えないものです」というシンプルな提案でもよいし、次のようにもう少し具体的な提案でも。「今日は、自分に贈り物をしましょう。この贈り物はお金で買えないものです。なぜならそれは皆さんの中に『ギフト』としてすでにあるものだからです。それをこの箱に入れて自分自身にプレゼントしましょう」。グループメンバーのニーズやその日のテーマによって、やりやすいよう提案を。

お金で買えないギフト

ワーク：タッチドローイング

病棟のグループでは、タッチドローイングをよく使いました。タッチドローイングとは、アーティストのデボラ・コフチャピン（Koff-Chapin, 2001）が考案した、手で描くことのできる版画のような手法です。板の上にローラーで水溶性の油絵具（毒性のないものを選ぶ）を薄く伸ばし、その上に紙を置いて、紙の上から手でなぞります。紙を板から剥がすとイメージができています。「描く」というよりは、「動き」であり、指を紙の上で踊らせるように動かすと、それが自然にイメージになります。筆を握る必要がなく、弱い力でも手の重みだけで描くことができるので、からだが思い通りに動かせない人や、リハビリ中の人のワークにも適しており、参加者にも人気のワークでした。作品の詳しい作り方については、考案者のデボラさんのウェブサイトで動画などをご覧ください。

例えば、脳卒中で手術後リハビリのために入院している方でも、手を思うように動かすことが難しい場合でも、タッチドローイングでは、書道用の半紙や薄いラッピングペーパーを使って、出来栄えをあまり気にせずに短時間で何枚もイメージを作ることができます。その中から自分の気に入ったものを選んでもらい、タイトルをつけたり、時には詩を作ったりして味わいます。

リハビリ中は、うまく行かないことに気分が滅入ったり、ケアされることへのフラストレーションや、ネガティブな感情などにも向き合うことがありますが、タッチドローイングのグループでは、言葉で言い表せなくても、そのような気持ちを表現したりシェアしたりすることができます。また、サポートしてくれる周囲の人々への感謝の気持ちを表現する人も多く、創作や作品を通してスタッフやケアラーとコミュニケーションをとることは、双方にとって励みと助けになっていました。

タッチドローイングの例

手を積極的に動かそうとすることがよいリハビリになるので、理学療法士や作業療法士の方からも勧められて参加する人もいました。タッチドローイングの面白いところは、考えてから描くのではなく、手を動かしてみてそれがイメージになり、そのイメージが何に見えるかを後から考える、というアートプロセスが行いやすいことです。みんな最初は偶然手を置いたところに色がつくことに驚きを覚え、それにタイトルやストーリーをつけることを楽しみます。闘病中であっても、その人のすべてが病なのではなく、健康もたくさんもち合わせているのです。アート作品を通して、やりたいことや、自分のもっている健康な部分とつながることは、入院生活の助けになります。

【タッチドローイングの注意点】

病院の中では血を連想するものが敬遠されたり、不安が強まったりする場合があるので、赤い絵の具はマジェンタなどピンクがかったものを、青や緑も少し温かみのある色を使っていました。どうしても鮮やかな赤や冷たさを表現したい場合もあるので、様子を見てリクエストがあれば出せるよう戸棚の中に用意していました。

ワーク：草花を育てる

入院生活も長期間になると、自然が恋しくなるようです。病棟やアートルームには観葉植物を絶やさないようにしていました。園芸も表現アートに取り入れることができます。グループでは、よくソバの種を鉢にまきました。ソバにしたのはいくつかの理由があります。まず、コロコロとした三角形の種が大きくて取っかかりがあり、弱視の方や手が不自由な方に扱いやすいこと。そして自分では種を扱いにくい人にも、紙などに乗せてあげると見えやすいこと。そして、平均入院期間は二週間ですから、窓際の光でも二週間弱で可愛らしい白い花が咲くことです。日本では根っこがついたものは「ねつく」と言って、病院では敬遠されることもあるかもしれませんので、それを気にせず、種から芽が出て育っていくのを見ることが楽しいと思える方にお勧めです。

【準備するもの】

ソバの種。鉢。鉢の水受け。鉢植え用の土。スプーンや小さなスコップなど土を鉢に移す道具。鉢の周りをデコレーションするための厚紙（鉢に合うように切って箱を作っておくとよい。水に強い素材ならなおよい）。鉢の素材と画材によっては直接鉢に描くこともできるかもしれませんが、身近にあるもので間に合わせようと思ったらこのようになりました。アクリルなど、水に強い絵の具。

参加者の身体機能に合わせて作業がしやすいように、土は洗面器などに移しておきます。

ファシリテーターのインストラクション例：入院生活が続くと建物の中にいることが多くて、自然が恋しくなる人もいると思います。今日はちょっとしたガーデニングをしましょう。そして、「育つ」ということについて思いを巡らせてみましょう。皆さんは今どのような変化や成長を体験しているでしょうか？　または、皆さんの中にはどんな「種」があるでしょうか？　もしよければそんなことに思いを巡らせながら、鉢をデコレーションしてみましょう。これはあくまでも提案ですので、もちろん、ただ色や形を楽しんでデコレーションしてもかまいません。

草花を育てるワーク

ワーク：薬物依存と向き合う「聖なるハート」

ヘロインなど、注射薬物の使用による感染症の場合、点滴による治療のため数週間入院をすることがあります。退院したら依存症のためのリハビリ施設にしばらく入所する方が多いですが、そのための心の準備は大きなテーマです。他の身体疾患の入院と違って体力がある場合が多く、感染症治療のための点滴をするだけの長期の入院に毎日時間を持て余すので、アートはやったことがないと言いつつも、グループに参加するようになる人も多いのです。

ソバの種を初めて手に取ると、その形からいろんなものを連想します。ハートの形みたいだと言う人もいれば、種から「成長」や「可能性」を連想する人もいます。グループで種をまいたり、画用紙で作った鉢の囲いの絵を描きながら、いろんな話をします。例えば、ソバの種から、「聖なるハート」のシンボルが連想され、よく描かれていました。Immaculate Heart と呼ばれるそのシンボルは、純真を意味し、伝統的なイメージの一つでは、ハートに七つの傷があります。そこから「薬物依存と向き合う中での七つの痛み」へと、会話のテーマが自然に発展していったりします。たかがソバの種からも、いろんな方向へとセッションが発展していくことができるので、グループのファシリテーションではその自然発生的なシェアリングを大切にし、サポートするように心がけていました。そして、グループの中ではあまりシェアしない人も、グループの後に病室を訪ねると、グループではシェアしなかった「続き」をいろいろ話してくれたりします。このように、数週間かけて、表現アートのセッションに参加しながらリハビリに臨む心の準備を行い、ソバの花が咲く頃退院していく方にも多く出会いました。

表現アートグループを提供するグループルーム

これらの例では、表現アートが助けになりましたが、表現アートは、いつでも誰にでも効果があるものだとは思っていませんし、処方すれば誰にでも効く薬のようなものではありません。表現アートはいつも私のツールの一つとしてポケットに入っており、導入するタイミングや、表現アートとそのクライエントとの相性が合ったことによって、それぞれの方の心的資源が表現される機会となるのだ、そんな風に考えています。また、チーム医療の中で関わるさまざまなスタッフが、医師から清掃スタッフまで、それぞれ常に治療を受ける方々との関係を築く努力をし、適度にアットホームで居心地よく、遊び心やユーモアがあり、感情を受け止められる環境を築こうという文化があったからこそ、表現アートセラピーのワークが可能だったのだと強く思います。そして、そのような環境を築く一端を、表現アートが担っていたのであれば、それはとても嬉しいことだと思っています。

Ⅱ　救急精神医療施設における表現アートセラピー

ここでは、クライシスや急性期を専門とするカリフォルニア州にある救急精神医療施設で精神リハビリテーション（リカバリー）の一環として導入されていた表現アートセラピーの応用についてご紹介します。

クライシスは、危機的な状況において一時的に危険な状態に陥る、誰にでも起こりうる状態です。カリフォルニア州法では、自傷・他傷を行う状態、またはセルフケアが困難な状態にある人が、まず救急病院などで治療を受け、さらに安全のための保護が必要と判断された場合、七二時間の入院の処方が可能であるというシステムがあります。使い方を誤れば、一時的にでも当事者の自由を奪う、暴力的なシステムになりえますが、七二時間以内でも安全の確保が確認できればすぐに退院することができ、不必要な保護入院を防ぎ、患者の権利を守るため、外部機関によるヒアリングが病院内で毎週開催され、それに申し込んで安全が確認されると退院することができます。何らかのクライシスや、精神疾患の急性期で希死念慮が強いなど、危険な状態が続く場合、医師はさらに十四日間までの入院を処方することができます。

どのような入院期間であっても司法によるヒアリングの制度があり、自由を奪ってまで安全を確保しようとする代わりに、退院する権利と機会が用意されていました。しかし、安全のために、自傷に使えそうな鋭利なものや長いものは環境からすべて排除され、二時間おきにバイタルチェックをされ、ケアを受ける側は「監視されている」と感じることも多いのです。ケアする側がいくら「見守っている」という態度をもっていても、保護入院の「安全」と「暴力」は常に表裏一体であり、それを意識しながら働くことで、精神医療の抑圧的な側面やそれを最小限に抑えるためのさまざまな努力や試みについて多くのことを学びました。

勤務していた施設は二八床。入院期間は数時間の人もいれば、二週間の人もいます。私の他、ミュージックセラピスト二名と一緒に、毎日、午前二つ午後二つのグループ療法を、分担したり協力したりして行っていました。バスケットボールのコートや花の咲く庭があり、毎日屋外で過ごす時間が設けられていましたが、ここでも外の世界とのつながりを感じられるように、季節感を取り入れたアクティビティに精神リハビリの要素を加えたグループを提供するようにしていました。制約の多い病院生活の中では、アートやミュージックのグループの自由さが好まれ、グループはいつも人気でした。その例をご紹介しましょう。これはワークそのものをレシピとしてとらえるのではなく、ワークはこのようにして発生する、という例として読んでいただければ幸いです。

ワーク：イースター・エッグ

【準備するもの】

たまご人数分、絵の具、木工ボンド、ラメなど。

三月のイースターの時期には、たまごをデコレーションしたり、イースター・エッグハントと言って、たまご型のチョコや、お菓子を詰めたたまごを子どもたちが探したりします。これに合わせて、本格的なたまごのデコレーションをアートのグループでやってみました。本物のたまごに小さな穴を開け、中身を全部出して、乾かします。ここまで準備しておいて、それを思い思いのたまごアートにしてもらうのです（セラピストはその週は毎日オムレツを食べることになります！）。そして、イースターにインスピレーションを受けつつ、「たまごを使ったアートワーク」ということで、宗教にかかわらず参加できるワークにします（最近はヴィーガンの方も多いので、紙でできたたまごも準備しておいた方がよいでしょう）。グループのメンバーは多様なため、その他いろいろな文化のお祝いや行事にインスピレーションを得たワークを考えるだけで結構毎週忙しかった！　ということを、これを書きながら思い出しています。

たまごを使ったアートワーク

たまごのワークに話を戻しましょう。ここで、いくつか異なるアプローチをとることができます。一つは、何もテーマを提案せず、ただイースターエッグ作りをし、グループメンバーがどのようなテーマを語り始めるかを待つという語りの部分がオープンな（非構成的）アプローチ。もう一つは、「たまご」をキーワードに、何か自分にとって意味のある作品を作ってもらい、それについて話し合う、ゆるい提案の（半構成的）アプローチ。もう少し具体的な方がよければ、もう少し絞ったテーマを提案することもできるでしょう（構成的）。具体的なテーマの例は、例えば、たまごのアートを作りながら、「自分の中でたまごのように温めたいもの」や、「まだ生まれていないけれど、これから実現させたい夢」などについて想像してみる、というもの（ソバの種のワークもよく似ていますね）。こういったテーマは、準備しながら数日間かけて考える場合もあれば、その時に参加したメンバーの様子から即興で思いつくこともありますし、「今日は何するの？」とメンバーに廊下で聞かれて、「イースターエッグを作ろうと思うんだけど、どんなテーマでやろうかな？」と声に出してみると、「『温めたいもの』はどう？」とか「『自分の中でたまごのように取り扱いに注意したいこと』はどう？」などと、提案してくれたりします。メンバーからアイディアが出てきた方が、だんぜん面白いので、私はよくみんなに見えるところで準備しながら、みんなに聞こえるようにテーマに悩んでいました！

他にも、自由制作のグループや、メンバーのリクエストを聞きながら進める音楽のセッション、ソーシャルスキルにフォーカスしたグループなど、さまざまなアートグループの時間をもつことで、短い入院生活の中でもコミュニティが形成され、それが何よりの治癒力となることをここでのワークを通して体験的に学びました。クライシスは誰にでも起こること。寝ずに働いて心身ともに休まらない状態に陥ってしまった会社のCEOから、ちょっと薬物を試してみて混乱状態から抜け出せなくなってしまった大学生まで、ふだんお互いに出会わないような、いろいろなバックグラウンドの人が出会って、会話する中で視野が広がったり、客観的になれたり、自分を受け入れたり、短期集中型のグループ療法のようなことが自然に起こり、私はいつも感心しながら参加していました。

入院してくる人の中には、「孤立」という苦労を抱えている人々もいましたが、ここで他者とつながり、他者をサポートし、自分もサポートされることを体験します。アートは、そのような体験やグループプロセスをサポートする媒体の一つとなっていました。また、忙しい中でも時間の都合のつくスタッフ（医師、ソーシャルワーカー、看護師、薬剤師など）にも、音楽やアートのグループに参加してもらうことで、スタッフもシェアリングに参加し、職員と患者というよりは、みんながフラットな関係で、施設自体がコミュニティとなることを目指すようにしていました。アートには、それをサポートする効果もあると思います。

Ⅲ　ケアする人のケアとセルフケア

医療の場での表現アートのチームは、アートで働きかけることによって、治療を受ける人だけでなく、スタッフや組織のケア、そして自分のセルフケアを大切にしていました。

1．ヒーリングハンド

その試みの一つとして、統合医療を行う病棟で一緒に仕事をしていた表現アートセラピストのフィル・ウェグラーツ（Phil Weglarts）さんらが思いついたのが、「ヒーリングハンド」というテーマでした。病院で働く看護師の方々は、日々手を使ってケアを行っています。その手に感謝し、祝福する作品を作ることを思いついたフィルさんは、フロアの看護師全員に手形をとらせてもらい、それを布のパッチワークに仕上げました。それはタペストリーとして病棟の壁に展示されています。ある看護師の方は、「これ私の手よ！」と、嬉しそうに見せてくれました。

このヒーリングハンドの作品はシリーズ化し、次はドクターから清掃スタッフまで、みんなの手を作品にしようということになりました。「ヒーリングハンド」をテーマにポーズをとってもらい、顔と手を一緒に写真を撮りました。フィルさんはそれをコラージュにして額縁に入れ、フロアに展示しました。これには、予想外の効果がありました。入院している人々には、スタッフの顔と名前を覚えてもらってコミュニケーションをとった方が、入院生活がスムーズになりますが、毎日三交代で入れ替わるスタッフを覚えるのは大変です。でも、これがあると、車椅子で通りかかった時に写真を見て、「この人の名前はなんていうんでしたっけ？」と、積極的に覚えようとしてくれる人が多くなりました。実は、スタッフ同士でも異なるシフトであると役割や名前を覚えることが難しいため、これはスタッフにも助けになりました。ふだんは忙しくてスタッフがお互いの人間性を知る機会もあまりありません。いつもは寡黙なドクターが意外にお茶目なポーズをとっていたり、いつもは真剣な表情で治療に当たっている看護師の方の笑顔の写真を見ると、このフロアで働いているのは、確かに一人一人ストーリーをもった人間なのだということを忘れずにいさせてくれるコラージュでした。

病院では、さまざまなアートのサポートを受け入れていました。メディカルクラウン（Medical Clown Project, n.d.）もその一つです。クラウンは、リクエストに応じて音楽を奏でたり、手品をしたり、笑わせてくれたりしますが、上手なピエロはホロリと泣かせるのもうまいのです。中にはシルクドソレイユで活躍したことがあるクラウンもいて、病院のスタッフも毎週クラウンがやってくるのを楽しみにしていました。ヒーリングハープのプログラムもあり、また、プロのオペラ団に所属する音楽家が毎年クリスマスになるとフロアでミニコンサートを開催するなど、病院にいながらアートや音楽に触れる機会には事欠きませんでした。そんな時、スケジュールや、フロアとの調整をしたり、クラエントの気分や体調に合わせた演目を提案したりするのも、表現アートセラピストとしての役割でした。

作成中の「ヒーリングハンズ」のパッチワークと表現アートセラピストのフィルさん

2．表現アートのスーパービジョンとセルフケア

対人援助の仕事をする上で、セルフケアは大切な学びの一つです。特に仕事を始めたばかりの頃は、痛みや苦しみに寄り添い続けることに慣れておらず、セラピストとして自分の気持ちをプロセスすることも学ばなければなりませんでした。私は最初の頃は、会えるのは今日が最後かもしれない身寄りのない重篤な患者の方を病院に残して帰ることが不親切に思えてなかなか病室を立ち去れなかったり、家に帰っても病棟のことばかり考えてしまったりしていました。また、痛みの強い患者さんと接するうちに、自分自身が原因不明の痛みに襲われたこともありました。命の現場で働く厳しさを実感しました。

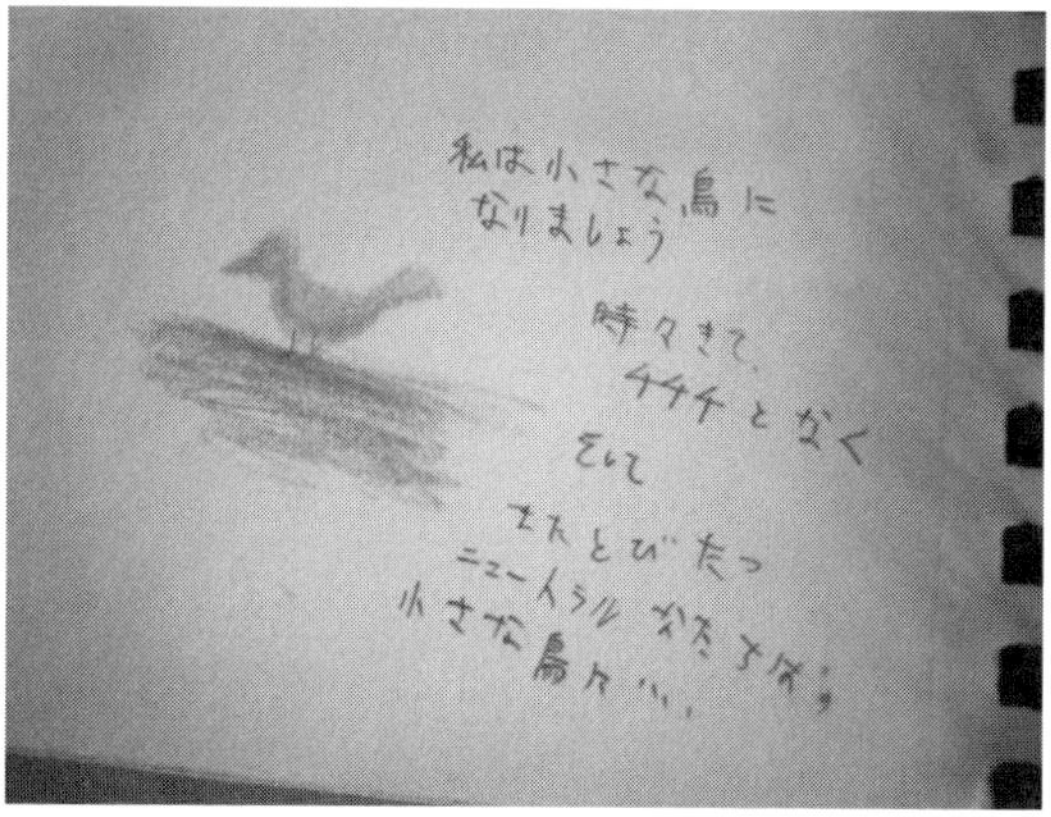

ご家族と病院側との板挟みになり、それぞれに対してどのように接したらよいか悩んでいた時に出てきたイメージ。この日は「時々庭にやってくる見慣れた小鳥」というメタファーのイメージが、自分がどのようにご家族と接するか、ヒントを与えてくれた

ありがたいことに、職場では、セルフケアのために、セッションや面接の合間にリフレッシュの時間をとって散歩したり、アート制作を行ったりすることが推奨されていました。また、一日の仕事を終える頃、帰宅する前に勤務時間内で少し時間をとってアートによる振り返りを行うことも推奨されていました。その中で私が気に入ってよく行っていたワークをご紹介します。これは、エステティック・レスポンスという、クライエントのワークにアートで反応するワークを応用したものです。

静かで落ち着く場所に座って呼吸を整え、その日に行っ

たセッションについてのイメージを思い浮かべ、スケッチブックに自由に描いたり、からだを動かしたり、声を出したり、散文を書いたりします。特に助けになっていたのは、色鉛筆を使って、いつも携帯しているスケッチブック兼ジャーナルに描くことでした。この方法だと隙間時間にできるので、よくやっていました。これは、自分のクライエントに対する反応や気持ちをプロセスし、ケースをなるべく家にもって帰らないようにしたり、クライエントとのセッションについての洞察を得るのにとても役に立ちました。スケッチブックをスーパービジョンに持ち込み、それをもとにケースの話を進めることもありました。左頁にいくつかご紹介しましょう。

Ⅳ　表現アートセラピーの保育園・幼稚園での応用

表現アートセラピーは大人のためのプレイセラピーとも言われるように（小野、二〇〇七）、子どもにとってはプレイセラピーが表現アートセラピーになります。保育園に常駐する心理士として働く中で、子どもたちにプレイセラピーを提供してきました。〇〜五歳という発達の大切な時期にその子どもに合った質のよい養育を受けることは、大人になってからの人生を左右するほど重要であることがわかっています。私の働いていた地域では、条例によって、一九九八年からタバコ税から一箱につき五〇セントを〇〜五歳までの乳幼児の支援や教育に充てる、「ファースト・ファイブ」というプログラムが作られました。このプログラムでは、子どもたちが健康と発達に必要な養育の機会を平等に得ることができるよう、包括的なさまざまなサポートを行っていました。

このプログラムの一環として、保育園で週二〇時間、常駐する心理士として勤務しました。保育園の中にプレイセラピーの部屋があって、子どもたちは保育園にいながらセッションを受けることができます。私の仕事は、まず朝は各クラスの子どもたちの様子を観察して回り、保育士や保護者と立ち話をたくさんします。そして、

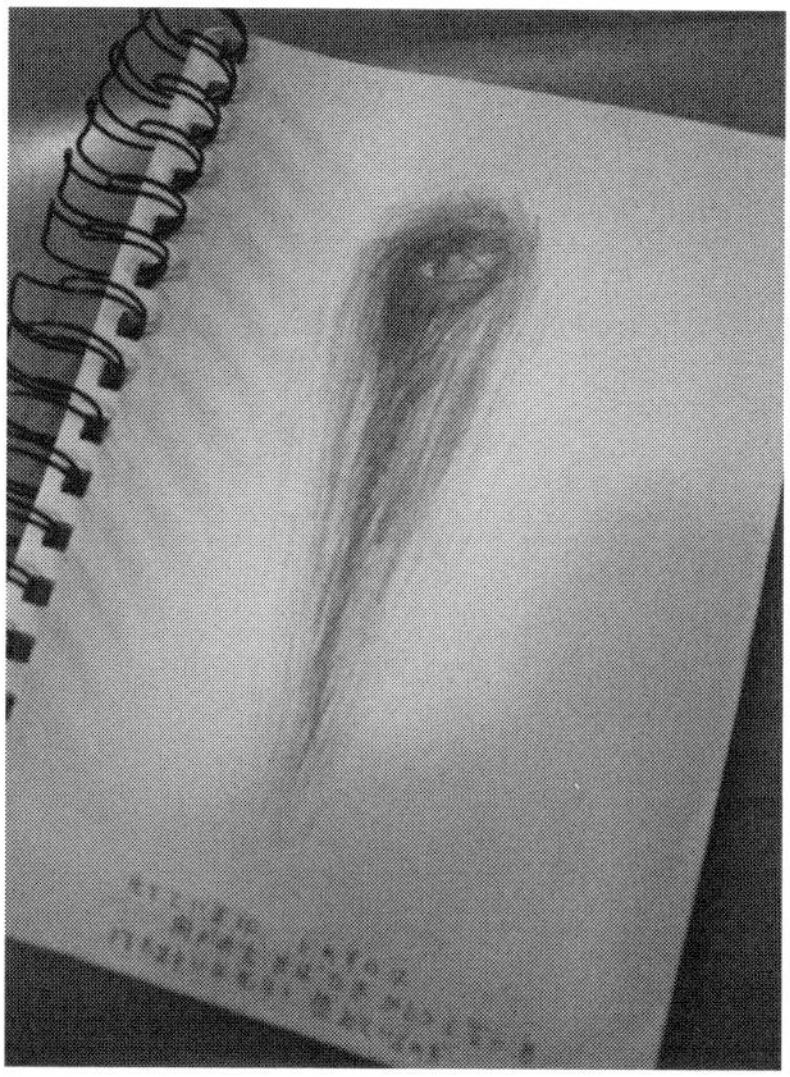

死期が近く、だんだん機能が低下し、発話が難しくなっても、目を中心に生命の火が確かに燃えている気がした。明日は会えないかもしれない

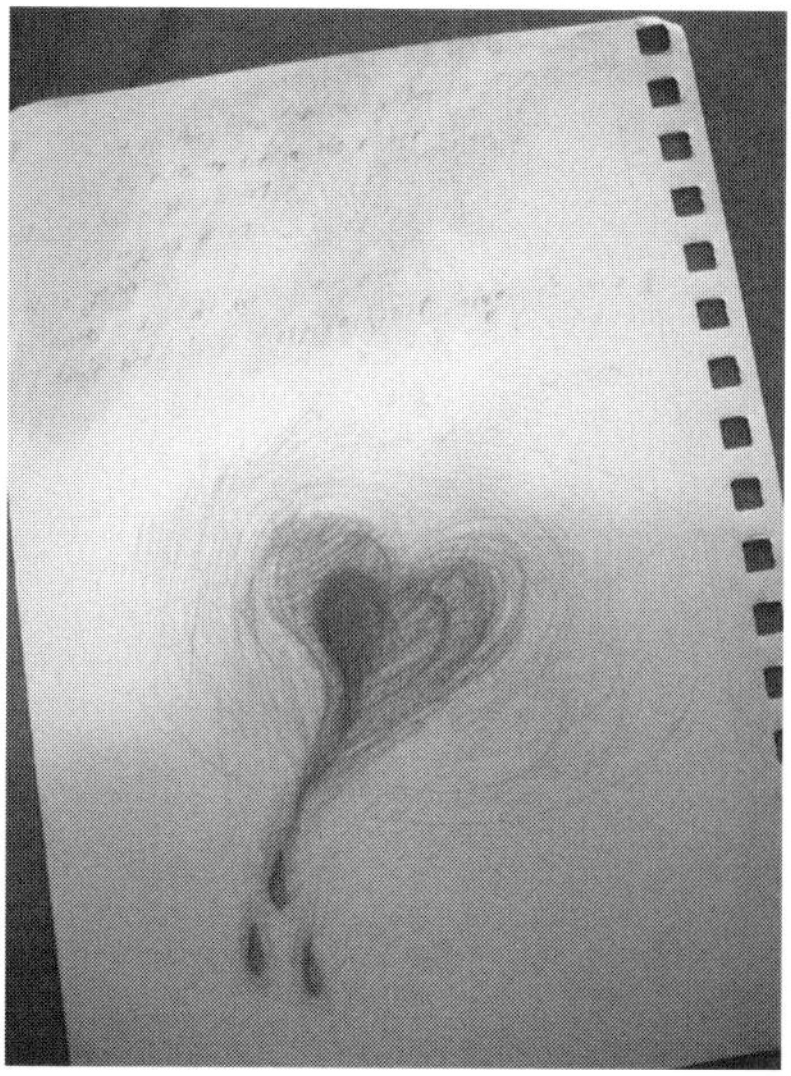

一生懸命慣れない入院生活に適応しようとしているクライエントの気持ちを理解しようと描いたら出てきたハートのイメージ。今まで誰にも迷惑をかけないように自立して暮らしてきたから、痛みがひどい時もナースコールをするのが難しい

自分の認知力が衰えているのを自覚した高齢の方とのセッションに反応して浮かんだイメージと言葉。人は来た道を戻って行くんだよ。子どもに帰ろう。そして空へ帰ろう

ケースとして担当している子どもやその家族にプレイセラピーや家族療法のセッションを提供します。週一回行われるスタッフミーティングにも参加して、さまざまな問題解決のための話し合いを行います。

保護者の方々も、心理士が常駐していることを知っていて、気軽に相談に立ち寄ってもらえるような環境でした。子どもたちはみんな、プレイセラピールームを特別な遊びの部屋だと思っていて、私がクライエントである子どもの一人を教室に迎えに行くと、「私も行きたい！」「○○ちゃんはいいなあ」「いつになったら私の番が来るの？」と質問攻めです。クライエントである子どもは、毎週特別なプレイルームに行っていることが、みんなに知られてしまうわけですが、子どもたちには偏見がなく、みんな羨むばかり。保護者の間でも、保育園で必要な支援が受けられるのはよいことだという認識がありました。

保護者向けの表現アートセラピーのワークも行いました。私はタッチドローイングのグループセッションをよく提供しました。最初は、テーマを決めずに、セルフケアの一環という位置付けでワークを提供していました。回を重ね、参加者の感想を振り返ると、一番多いのが、「毎日が忙しく過ぎていき、自分のために、自分と向き合い、じっくりと過ごす機会は滅多にない。今日は、そんな時間を過ごせたことがとてもよかった」というものでした。それ以来、保護者向けワークショップのタイトルを「セルフケアのための表現アートセラピー：自分のために過ごす時間」とするようになりました。その時間の中で、アートを通していろんなシェアリングや共感が起こります。自分のためのアート表現の時間をもつことが、子どもや家族と余裕をもって向き合い、接することの助けになればと思っています。そして、このようなアートを介した気軽に参加できるセッションは、さらに専門的な援助を必要とする時に、セラピストに気軽に話しかけてもらうきっかけにもなっていたように思います。

Ｖ　平和のための表現アートセラピー

１．「平和教育」の学び直しと、ライフワークとしての「平和ワーク」

クリエイティブ・アーツセラピーに興味をもつきっかけの一つに戦争の絵があります。大学時代は、実生活では楽しく充実した毎日を過ごしていましたが、時に、これは一体どこから出てくるのだろうと思うような、恐怖感に満ちた絵を描くことがありました。なぜか惹かれるのは、ケーテ・コルヴィッツの作品でした。コルヴィッツの「死んだ我が子を抱く女」は、今でも心に残る作品の一つです。同じ頃、原爆の絵に出会いました。原爆の絵とは、一九七四年と一九七五年にＮＨＫ広島放送局の呼びかけで集まった二二〇〇枚の市民の描いた絵です。（直野、二〇〇四）その後二〇〇二年に再び募集され、さらに一〇〇〇枚以上が集まりました（ＮＨＫ広島放送局）。驚いたのは、それらの多くが今までほとんど絵を描いたことのない人々によって描かれたことでした。そして、今まで誰にも話すことができなかった情景を「描いておかなければ」という気持ちで描いた人々がいたことを知りました。それらの絵は、私も描いていた、不思議な、どこから来たのかわからない苦しみや悲しみの絵に似ていました。自分のそれまでに描いた絵は、家族や、学校や、地域で聞いた戦争、特に原爆の記憶やイメージと結びついている部分もあったのかもしれないと思いました。「原爆の絵」のように、人々が「描かずにはいられない」絵、というものがあるのならば、私はそれを人々が描くためのサポートができるようになりたいと思いました。もともと結果物としての自分の作品作りにはあまりこだわっていませんでしたが、このような表現が生まれる場を作ったり、立ち会ったりすることの方により興味をもつようになりました。これも表現アートセラピーに自然と向かうようになった理由の一つだと思っています。

ヒロシマを出発点に向きあいはじめた歴史とアイデンティティ

平和のための表現アートセラピーのプロセスは、今でも個人的に続けています。自己のプロセスのために、やはり自分が描いたり表現したりする機会をもつことが助けになると感じています。個人的なストーリーになりますが少し紹介します。

私の祖母は被爆者です。それは彼女の個人的な体験であって、自分にはあまり関係のないことだと思っていました。学校教育の中で受けた平和教育では、戦争体験のお話を聞いたり、映像やイメージを見たりすることが多かったように思いますが、自分がどう感じ、何を考えるかをプロセスする場や機会があまりなく、自分自身でプロセスする力もなかったので、長い間、戦争と平和のテーマと積極的に関わることはしてきませんでした。

私の祖母は、原爆投下の際、働いていた糧秣廠《りょうまつしょう》（兵士の食糧や軍馬のエサの調達・保管・補給を行う旧日本陸軍の施設）の倉庫が爆風で「ぺしゃんこ」になる前に脱出し怪我を免れ、救援活動に参加しました。祖母の語るヒロシマは「助けることができなかったたくさんの人々」のお話です。もし私が、自分には関係ないと思いながらも、祖母のストーリーを何らかの形で受け継いできたのだとしたら、それは、祖母の「なんとか助けたかった」という気持ちや、どうにもならない無力感を、私自身が対人援助の仕事に就くことで克服しようとしてきたのかもしれません。そして、何十年経っても、その体験を語るたびに涙を流す祖母のような人々の辛さを和らげるには何か方法がないのか、表現アートや心理療法を通して探してきたのかもしれません。

心の中では距離を置きつつも、ヒロシマを伝える責任も同時に感じており、祖母の話を伝えることはし続けていました。高校でアメリカに留学した時、必修科目だった米国史の教科書に広島のことが数行書かれていました。「原爆によって六万人の人が瞬時に亡くなり、それによって戦争を終わらせることができた」とありました。私は立場によって歴史の認識も記述も違うのだということを知りました。そして、せっかくの機会だからと思い、歴史の先生に、「私の祖母は被爆者です。一〇分でいいので祖母の被爆体験について話す時間をください」と言いました。でも、先生の反応は思いもよらないもので、一言「その必要はありません」と言われました。広島では、被爆体験を語り伝えることがとても大切にされており、それが普通のことだと思っていましたが、これも人と場所によって違うのだということを体験的に学びました。その後も、祖母の被爆体験を語るたびに異なるアイデンティティをもつ人々によるさまざまな反応に出会い、一方的に伝えようとするのではなく、それらの反応に耳を傾け、ていねいに対話をすることが大切だと思うようになりました。

その後、大学院で、家族の戦争体験をテーマにした表現アートのグループプロセスや、対話のワークをする人々に出会いました。このようなワークの中では、自分の感覚にも意識を向けます。それまでは、原爆体験は祖母の個人的体験であると切り離した態度をもっていましたが、心のどこかで「何かできることがあるならばやってみたい」と思い、ワークの中で、心の中の柵を取り払って自分の問題として感じてみたのでした。すると、今まで気づかなかった悲しみが出てきました。誤解や批判を恐れず書くと、それは、「原爆が落ちる前の広島の街を見てみたかった」「それでも、私は生まれて、育って、生きている」というものでした。そして、原爆のことでそれまで涙を流したこともありませんでしたが、これらの、自由なイメージが湧いた時は不思議と涙が流れました。そして、私の手を祖母が引いて、瓦礫になった広島を歩いているイメージが湧きました。

私にとってのヒロシマとは、このようなイメージの体験でした。しかし、このような個人的な感覚を思い描くことは、なんとなく許されないような感じもしました。自分勝手で、配慮がない感じがして、罪悪感を覚えました。原爆のことを学んで「感じてもよい、考えてもよい」範囲は、なんとなく決められているような感じがするのです。子どもの頃、戦争・平和教育の作文は必ず「戦争は二度としてはいけないと思います」と決まり文句で結びました。誰かにそう教えられたことがなくても、そういう空気を子どもながらに感じていたように思います。犠牲者の死を弔う気持ちや、原爆や戦争に対する怒りと悲しみ以外のことは、自由に感じてはいけないような気がしました。しかし、大学院でのワークの中では、「特に何も感じない」「自分には関係ない」ことになっていたのではないかと思います。しかし、大学院でのワークの中では、「なんでも好きなことを感じていいよ。自分のこととしてとらえてごらん。ここではなんでも言ってもいいよ」と、安全が確保されていたので、私は再び感情を取り戻し、そして、もう一度、自分にも影響を与えてきた家族の戦争体験のテーマに、以前よりは避けずに取り組めるようになりました。それと同時に、日本による加害の影響を受けた人々やその子孫との対話のワークにも取り組むようになりました。

戦争の影響を受けた人をどのようにサポートする方法があるのか、戦後世代はどのように和解できるのか、加害の歴史にはどう向き合えばよいのか、人間の心はなぜ戦争をするのか、どうすれば戦争を防ぐことができるのか、平和を創るために何を学べばよいのか、どうしたら戦争と平和のような困難なテーマに関わり続けていくことができるのか、これらの問いを、表現アートを通して探ることは、ライフワークの一つになりました。最近のその試みが、東北アジア地域平和構築インスティテュートや、「アートパフォーマンス：黒い雨」への参加です。

2. 東北アジア地域平和構築インスティテュートへの参加

東北アジアの若者が集い、二週間ともに学び、対話し、フィールドワークを行うこのセミナー（Northeast Asia Regional Peacebuilding Institute: NARPI）は二〇一一年に始まり、毎年夏にアジアのどこかで開催されます。東北アジアは歴史、領土、軍事、核の問題を通じて緊張した関係にある地域であり、現在、人的、財的資源は東北アジアの国々の軍事化に多く費やされています。敵意と軍事優先の文化を平和と和解の文化にしていくためには、どのようなスキルや知識が必要か、ともに考え学び、多文化間のネットワークを作ることによって東北アジア地域の平和を構築していくことを目的としています。平和構築、紛争転換、修復的正義や調停などのトレーニングを通して、アジアのさまざまな地域出身の人々が関係を構築し、紛争や文化の違いを転換するアプローチを実践しています（NARPI, n.d.）。私は二〇一五年のモンゴルでの開催から参加者として、また二〇一六年の台湾からは、ファシリテーターとしても参加しています。

モンゴルでは、参加者として興味深い体験をしました。会場の宿泊施設では、小さな部屋を日本人の私と、中国人、モンゴル人の参加者の三人でシェアすることになりました。ツインベッドの真ん中に私のための簡易ベッドが置かれており、ベッドとベッドの間には隙間もほとんどありません。地続きのベッドに、文字通り川の字で寝ることになりました。最初は、狭いなあ、嫌だなあ、と思って過ごしており、空き部屋があったら移動させてもらえるようにリクエストしていました。でも、二人のルームメイトとワークショップを通して理解を深めたり、夜通し語り合ったり、一緒に出かけたりするうちに、最初は狭いと感じていた部屋が「実に快適だ」と思えるようになっていきました。一週間過ぎ、プログラムの前半が終了して、やっと空き部屋が出ました。「三人のうち誰かが広い空き部屋に移っていいですよ」と言われましたが、三人のうち誰も引っ越そうとはしませんでした。そして二週間のプログラム終了まで、広く居心地のよい我が家のようになった小部屋で、毎日夜遅くまで楽しくおしゃべりしたり、みんなで洗濯物を部屋いっぱいに干したりして過ごしました。人間関係によって、部屋の大きさの感覚までこんなにも変わるということは、大きな気づきでした。他の参加者にこのことをシェアすると、誰かが「部屋でもそんな風に感じるのなら、領土だとどうでしょう？」と言って、みんなで領土の争いに関して考えることにつながりました。

そして、それは奥本京子さんと、バブー・アインド（Babu Ayindo）さんによるワークショップの中で作った「ルカサ」というアートワークにも表現されました。「ルカサ」は、グループが共同でコミュニティを表現します。そして、そこに現れたコンフリクト（紛争）を分析します。そして、ある事件が起こり、その後、紛争転換（想像力・創造力を使って問題を解決していくこと）しながらコミュニティを再構築するというワークです（奥本、二〇一七）。このように、滞在期間中体験するすべてのことがプロセスであり、アート表現を通してさらに気づきや対話が深まることを体験しました。そこでの体験をそれぞれが自分のコミュニティに持ち帰り、生活や活動に生かすことができます。

「ルカサ」の例

二〇一六年からはファシリテーターとしても参加。戦争、差別、貧困など、暴力的な社会状況にさらされることによる家族やコミュニティの体験が自分のアイデンティティや生き方に与えてきた影響に着目したり、集合トラウマからの回復について体験的に考えるワークショップを提供しています。ソマティック心理学、マインドフルネス、表現アートセラピーなど、今まで学んできたいろいろなものをポケットから出して使っています。

ワーク：「六文字の物語」

その中で、アートを使ったワークを一つ紹介します。Six-word Story「六文字の物語」（または、「六単語の物語」）というワークです。さまざまなテーマに触れたり、長い時間かけてワークを行った最後に体験を振り返ったり、統合したり、またお互いのストーリーに耳を傾けるために使うことのできる簡単なワークです。

【準備するもの】

八つ切り画用紙一人六枚、アクリル絵の具、ポスターカラーなど、パレット代わりの紙皿、スポンジを一口大にちぎったもの（習字用の筆などでもよい）、絵の具を薄めるための紙コップと水、下敷き用新聞紙、ペーパータオル、など。

ファシリテーターのインストラクション例：それでは、五日間の体験を振り返ってみましょう。そして自分にとって大切だと感じる気づきや体験や感覚を思い出してみてください。そのイメージの一つ一つを単語、漢字で表すと、どんな風になるでしょうか。どうぞ、それぞれ自分の地域の言語や、この五日間でお互いから学んだ言葉を使ってみてください。カリグラフィーや、書道のように書いてもいいですし、イメージやシンボルを使ったアートワークにしてもかまいません。

六文字の物語

これは文字通り、六つの単語や漢字（またはイメージ）で表現します。漢字は一つ一つが象形なのでイメージと文字がつながりやすいですが、英語など象形でない言語の場合、最初から言葉を思い浮かべようとするのではなく、まずは少し振り返りの時間をとり、イメージや感覚に気づいてもらい、それにあった言葉を探してもらうとよいでしょう。漢字を使う言語圏の参加者は、漢字はもともとイメージであるため、直接的に漢字のイメージが思い浮かびやすいようです。中国語圏からの参加者は、もともとある四文字熟語や古事成語などに限定して考え込む人もいるため、「自分で六字の熟語を作ってみましょう」

と促すとイメージが広がるかもしれません。

このワークは、最初は、筆と墨汁を使っていましたが、ある時たまたま筆と墨汁が現地で手に入らず、ちぎったスポンジを筆代わりにアクリル絵の具でやってみたら、とてもカラフルで表現の幅が広がるカリグラフィーのワークになったので、それ以来カラフルな材料を使っています。乾くのが早いガッシュ絵の具やポスターカラーでもいいと思います。統合のワークとしてワークショップの最後に行うことが多いため、絵の具が乾くのに時間がかからないように、スポンジや筆に絵の具をつけすぎない方がよいでしょう。「絵の具を控え目にして、少々かすれた方が、逆に味わいのある作品になります」と言って、最初にデモンストレーションを行うこともあります。このワークは数日かけて行ったワークの締めくくりとして行うことが多いですが、短い期間の場合なら四文字（四語）でもよいですし、一文字（一語）でもよいです。必要に応じていろいろアレンジしてみてください。十分にワークの時間をとり、その後、参加者の人数によって小グループでシェアリングをしたり、全体で気づきを話し合ったりするとよいでしょう。私はよく会場をアートギャラリーに見たてて作品を好きなように展示してもらい、ひとりひとりの作品をみんなで見ながら、アーティストにギャラリートークをしてもらうような感じでシェアリングをしてもらいます。

3.「アートパフォーマンス：黒い雨」への参加

アートは、戦争と平和のテーマに私自身が関わり続ける助けにもなってきました。私が受けた学校教育における「平和教育」は、過去の戦争のお話を聞いたり、写真や映像を見たりすることが一般的でした。ただ悲しいストーリーを受け取るだけではない平和教育や、学び直しとしての平和教育を模索しています。今も続いている現実を、アートを通して理解し、関わり、発信することができます。その試みの一つをご紹介します。

被爆者として認定を受けることができず、辛い思いをしている人々が世界各地にいることをどれほどの人が知っているでしょうか？　二〇一五年、「黒い雨」の降った地域で被爆しながらも、認定を受けていない「黒い雨」被爆者の人々が、六十四名の原告団を立ち上げ、政府を相手に訴訟を起こそうとしていました。そして、広島市立大学の社会学者、湯浅正恵さんの呼びかけで、この問題をテーマにしたダンスパフォーマンス「黒い雨」のプロジェクトが立ち上がりました。アートを通して広島の現在と関わりたいと思っていた私は、最初、通訳としてお手伝いをしていましたが、ディレクターのダンサー、フィリップ・シェール（Philippe Chéhère）さんのリハーサルに参加して一緒に体を動かしているうちに、プロのダンサー、表現者、音楽家の人々と一緒に舞台に立つことになりました。その舞台は「黒い雨」被爆者の方々も見に来られるのです。それまで、プロセスとしてのアートにしか興味がなく、からだを動かす時もただ自分のためでした。でも、舞台に立つということは、人々に何かを伝えようとすることです。これは自分にとってまったく新しく、そして難しいことでした（舞台の詳細は、Kasai & Yuasa, 2016 を参照）。

「黒い雨」の舞台（Kasai & Yuasa, 2016）

この舞台に参加して、嬉しかったことがありました。それは、私と同年代の人や、若い人が、「私も参加したい！　あやさんにできるなら、私もやってみたい」と言ってくれたことでした。言い訳に聞こえるかもしれませんが、素人で、技術がなくても、舞台で踊ることには意味があるのだと感じました。ヒロシマのテーマがいつもすぐそばにありながら、どのように関わってよいかわからない人は多いのです。でも、舞台に上がり、からだを動かして参加することで、テーマは自分に関わりのあることとしてとらえられます。市民が、このような参加型のアートに参加することは、無力感からくる無関心を溶かし、「黒い雨」被爆者のような未解決の問題に関わるきっかけになるのではないでしょうか？　被抑圧者のための演劇で知られるアウグスト・ボアールは、演じる人とそれを見る人が分離されている状態は無力と無行動の象徴であると考え、Spectator（スペクティター・観客）と、Actor（アクター・役者）を掛け合わせて、Spect-actorという言葉を作り、一般市民が主体性をもったアクターとして演劇に参加することを大切にしました（Boyd, 2016）。

二〇一五年一一月六日、原告団は広島地裁に提訴しました（原爆「黒い雨」訴訟を支援する会、二〇一五）。舞台に立ち表現し、何かを伝えようとすることの責任も感じた私は、踊りの勉強をせざるを得なくなり、パフォーマンスとしての身体表現のトレーニングなどに参加するようになりました。このように、アートを通して平和のためのワークに参加したり、現在進行形で続いている問題を扱ったワークに参加することは、一人の市民として関心をもち、関わり続けていく助けとなっていると同時に、アート表現の原動力にもなっています。

Column
コラム

プロセスとしてのアートと出会う

笠井　綾

子どもの頃から絵を描くのが好きで、ずっと美大に行きたいと思っていました。

高二の夏からアメリカ、ペンシルベニア州の公立高校に転校し、そこでシャーク先生という素敵なアートの先生に出会いました。学校のイーゼルや絵の具を、「家に持って帰って描いてもいいよ」と貸してくれたり、クラスのみんなが作った素焼きの彫刻を、徹夜で焚き火をして、味わいのある「楽焼風」にしてくれたり、写真に興味のある生徒を集めてみんなで暗室を作ったり。私はまだ英語があまり話せませんでしたが、絵を描いたり、彫刻を作ったり、写真を撮ったりすると、シャーク先生がちゃんとそれを受け止めて、作品を味わい、理解してくれる感じがしました。助けが必要な時にはアドバイスをくれるけれども、細かい口出しはせず、自由になんでもやらせてくれました。アートを通して友達もできました。描くのは、人物や、静物や、風景でしたが、英語がわからず言葉での表現が不自由なこともあり、描かずにはいられませんでしたし、色と形に込める想いにはさまざまなものがありました。そして、アート表現は自分にとって大切なもので、言葉を介さなくても他者にも伝わるのだという感覚をこの頃養ったのではないかと思います。

競い合うアートではない方へ

美大に行こうと思い、夏休みを利用して日本の美大受験予備校に行ってみましたが、1枚描き終わったら上位から順に並べ変えられて、前週よりも順位が下がってしまった人が泣いていて、その光景はとてもショックでした。そもそもアートに順位がつけられるものなのか？　私はアジア人なのに、なぜ毎日ギリシャやローマの石膏像ばかりデッサンするのか？　彫刻も絵も写真も好きなのに、なぜ専攻を決めなければならないのだろう？　現代アートをやりたい人だっているだろうに、なぜみんながみんなデッサンの達人にならなくてはならないの？　頭の中ははてなマークでいっぱい。日本で美大に至るための過程が自分には合っていないことがわかったので、もっと自由に制作できそうなアメリカの美術学校に行くことにしました。

アート・アズ・プロセスの旅

入ったのは美術館に付属する学校でした。デッサンのクラスでは美術館の彫刻のセクションに行って、「好きなのを描いていいよ」と言われました。私はローマ、ギリシャ彫刻から解放され、エジプトの石像を描いたり、ガンダーラの仏像を描いたりもしました。この学校では結果物のアート作品にあまり重きが置かれず、アートの産まれる過程や創造性が大切にされていました。新入生は「アート・アズ・プロセス」（過程としてのアート）というクラスを受講します。しかし、これさえも強制ではなく、すべてが自由選択です。

ある日のデッサンの授業はこうです。先生曰く、「さあ、自分が描きやすいように、画材を並べてください」。しばらくして、「できましたか？　では、みんな自分の右にいる人の持ち場に移動してください。まったく別の人の使っている、いつもとは違う画材で絵を描いたらどうなるかやってみましょう」。このような実験的なエクササイズに、いつも頭の中をぐるぐるかき回されている感じでした。専攻も卒業制作らしきものもありませんでした。成績もなく、毎学期ポートフォリオのプレゼンテーションがあり、学期中に制作した作品や制作途上のものを個展のように部屋いっぱいに並べて、二人の先生と二人の学生と対話を行い「十分に取り組んでいる」と見なされれば単位がもらえます。先生たちは「四年間で何かが完成すると思わなくてもいいのです。これは一生続いていくクリエイティブなプロセスの始まりにすぎないのですから」と言っていました。

私は、興味に任せてありとあらゆる芸術媒体を学びました。プロセスとしてのドローイングや油絵、紙すき、ガラスアート、陶芸、アニメーション、染色、楽器作り。そして、アートが自分の思考プロセスのかけがえのない一部を担っていることを感じました。色や形や音や手触りなどの感覚を使ってものごとを感じ取り、考えることができると実感したのです。四年間創作し続け、私は作品よりも創作のプロセスそのものに興味をもつようになっていました。そして、いわゆる「作品」はできなくても、作ることに意味を感じ、自分が成長したり、変化したり、どっしりとした落ち着きを得たりする感覚を味わいました。時には、なぜこんなイメージが自分の中から出てくるのか、よくわからないこともありました。あまり悩みもなく平穏な生活をしている時期に、意外にもドロドロした恐怖感のある絵が出てきたり、実生活ではドロドロと悩み苦しんでいる時に、それとはかけ離れたクリアなイメージが出てきたり。それらのイメージは、意図したわけではなく、自分の中から湧き出てくるという感じでした。それはごく自然なこととらえていたので、解釈したり分析したりはしませんでした。

今思えば、十八歳から二十二歳までの多感な時期を、日常的にアートプロセスに没頭しながら過ごしたのです。また、一緒に創作する他者の変化にも気づき始めました。シェアハウスに住んでいた時、夜キッチンのテーブルで絵を描いていると、夜ふかし組のハウスメイトたちが集まってきます。「私も描いていい？」と言うのでオイルパステルを手渡すと、ひとしきり描いて、部屋に戻っていきます。そして、次の朝は、「昨日はありがとう。よく寝られたよ」と言うのです。アートにはそんな効果もあるのかな？　と思って、調べたり学んだりしていくうちに、表現芸術には癒しと変容の力があり、芸術はカウンセリングや医療の現場でも広く活用されていることを知りました。そこから表現アートセラピーの学びとプロセスの旅が始まりました。

第3章

トラウマ治療における表現アートセラピーの実践

ジョーンズ美香

I　表現アートセラピーを使いアメリカで臨床をするとは？

1．アメリカにおける表現アートセラピーの役割

西欧諸国において芸術療法が臨床の場において使われたのはかなり昔からということになりますが、表現アートセラピーがそのパイオニアたちによって広められて以来、研究所や大学、大学院で専門のプログラムの発展により、いまやアメリカ社会でも一般的に知られるようになりました。そのニーズも心理系の臨床現場だけではなく、医療現場、職業リハビリテーションセンター、障害者や高齢者のためのデイケアセンター、特殊教育学校のクラス、放課後学校プログラムなどなど、多様です。私がアメリカで働き始めた三〇年前よりもさらに表現アー

トセラピーの認知度は高まってきていて、今では親が子どものためにわざわざ捜して参加しようとすることもあります。セラピストを探すのによく使われるインターネットサイトでは、セラピーの分類に表現アートセラピーがあり、自分の住所の近くで表現アートセラピストを探すことも可能です。

マサチューセッツ州では、大学院および大学レベルの表現アートセラセラピー学科がそれぞれあり、アートセラピーやミュージックセラピーを特化した大学院と大学レベルでのプログラムも複数あります。また、表現アートセラピーを看板としたカウンセリンググルームもいくつか点在し、個人事業者も含めると膨大な数の表現アートセラピストが毎日クライエントたちと向き合っていることになります。

親や学校、医療機関や児童相談所まで、大人たちは子どもたちが心の中をすべて言葉で表現するには限界があること、そしてそれによるミスコミュニケーションがさまざまな日常の場面で問題となってしまう現状があることを認識し始めています。そしてその対策として表現アートセラピーを使うことを積極的に勧めているのです。さらには、そのニーズも細分化され、提供されるサービスもよりきめ細やかになってきているように思えます。

例えば、アメリカでは人種問題が根深い問題として日々多くの人々の議論の対象となり、この問題が大きなトラウマとなって大人から子どもまで心の問題に影響しています。この状況をわきまえて、より特殊なカルチャー、異文化間カルチャーなどに焦点を当てて表現アートセラピーを提供している団体もあります。ダイバーシティ（多様性文化）を重視したセラピストをそろえている団体が多い中、あえてカラー（民族性）などを重視したセラピストを配置しているところもあるのです。大人にとっても子どもたちにとっても表現アートセラピーは心の健康管理や問題解決にとって大切なものだという認識はかなり高くなってきているのです。例えば、会社や団体で健康管理の一貫として表現アートセラピーワークショップが開かれるようになりました。

2．今の仕事でセラピストとして求められていること

それでは実際どのように表現アートセラピーを実践しているのかご紹介していきたいのですが、その前に、私の仕事場と環境などについて少し説明することで読者の方に私の観点をより明確にご理解いただけるのではないかと思います。

私の現在の職場はボストン郊外にある表現アートセラピーセンターで、表現アートセラピストとして表現アートセラピーやカウンセリングを提供しています。また、クリニカルスーパーバイザーとしてインターンの学生たちやセラピストを指導をしています。かつての職場はアメリカ、マサチューセッツ州の中部に拠点を置く非営利団体で、そこでは地域に根ざした福祉サービスや精神医療を、青少年とその家族を中心に提供していました。その中で私は外来クリックに属して、トラウマプログロムに紹介されてくるクライエントを中心に臨床を行っていたのです。本章で紹介しているケースは、この非営利団体の職場で扱ったものです。

アメリカの外来クリニックにおける臨床での特徴としてあげたいことがあります。それはクライエントの臨床提供には必ず治療目標があり、それを達成することがクライエントの保険会社から義務付けられていることです。また、団体の主な財源である国や財団からの助成金を確保するために治療効果を上げることも重要な課題になっています。そして治療効果の目安となるものとして組織が積極的に推進しているシステムが、エビデンスベースの研究を継続的に治療の中で行いながらデータを提示していくことです。治療のはじめと途中経過、そして完了時にはアンケート形式のインタビューが、患者やその家族に、さらにはセラピスト自身にも治療の総括としてなされます。このような背景の中で私は自分の表現アートセラピーという専門性を生かし、これを技術として治療に応用をしているのです。例えば、私が提供しているトラウマ治療にはいくつか枠組みがあるので、その

中に臨機応変に表現アートセラピーの技術を取り入れ、治療効果をさらに上げていくのです。子どもたちへのトラウマ治療では特に表現アートセラピーの技術はとても有効で、さまざまな場面と状況で治療目標を達成させていくために活用できます。

Ⅱ　トラウマ治療と表現アートセラピー

私は現在、三歳から六十三歳までのクライエントたちにセラピーを提供しています。彼らの多くが多かれ少なかれトラウマが原因となった精神疾患や神経症的な症状をもったり、ストレスが負荷となり、日常生活に支障をきたしたため、それを改善する治療を行っています。私はそれぞれのトラウマ療法の方法と実践方法を学び、基本的にその行程を辿りながらも自分の表現アートセラピーの知識や技術を応用しています。実際に、子どものクライエントにはアートを治療に使うことはほとんど必須でありますし、多くの私の大人のクライエントもアートを何らかの表現方法として治療に取り入れることを好みます。

一般的にトラウマ治療では年齢別の治療方法を推進していて、私も年齢や認知と感情機能の状態によって、種類の違うセラピーを使い分けています。三歳から八歳までには親子相互交流療法（Parent and Child Interaction Therapy: PCIT）、九歳から十七歳までには愛着調整能力フレームワーク（Attachment Regulation Competency Framework: ARC）やトラウマフォーカスト認知行動療法（Trauma Foused Cognitive Behavioral Therapy: TF-CBT）を、十八歳以上には認知処理療法（Cognitive Processing Therapy: CPT）を中心としたセラピーを提供します。主に表現アートセラピーの技術を使うのはＡＲＣやＴＦ‐ＣＢＴのため、この後に詳しくケースをあげて説明します。

1．トラウマ治療に表現アートセラピーを応用するとは？

表現アートセラピーを構成する主な要素として、感覚に基づいた表現方法、創造性やイマジネーション、そして美学がよくあげられます（Estrella, 2005）。私はこの三つの要素をトラウマ治療に応用し、トラウマ治療の重要なツールとして使っています。具体的にどのようにトラウマ治療に表現アートセラピーを応用していくかなのですが、その方法はいくつかに分類できるように思われます。

表現アートセラピーの三大特性

一つめは、表現アートセラピーの特性、感覚を使って表現していく作業により「自己調整」を促すことです。自己調整とは、簡単に言うと、心や脳を一度リラックスさせて、活動しやすく機能するように感情を整えていく方法で、最初は不安で心が乱れていたり、集中力が散漫になっていても、自己調整が進むと作業に集中しやすくなります。これは感覚機能と運動機能を同時に活性化させる表現セラピーの特徴的な過程だからこそできることと言えるでしょう。心的外傷後ストレス障害（Post Traumatic Stress Disorder: PTSD）にはいくつかの特徴的な症状があって、その一つがネガティブな心情や心痛を呼び起こす記憶が呼び覚まされた時に脳が警鐘を発動し、「戦うか逃げるかすくむか反応」を自動的に起こしてしまうことです。

例えば私のクライエントの多くは、大声や喧嘩の音、騒音にとても敏感で、それが少し聞こえただけでも反応を起こし、急に怒り始めたり、凍りついたように動かなくなったり、その場から立ち去ろうとします。人は往々にして外界からのさまざまなトラウマを連想させるような刺激にさらされます。この刺激を受けるとトラウマ脳はこのパターン化した反応を起こします。表現アートセラピーをすることにより、パターン化されてしまった脳機能をリラックスさせ、通常の反応をするように整えていくことができるのです。表現アートセラピーがもつ特色、認知、運動・身体感覚を動員して行う活動がこのような症状を緩和させるのです。落ち着きがなくイライラしていた子どものクライエントが、塗り絵や水彩画をすることによりとても穏やかになることはよく見かけることです。

二つめは、表現アートセラピーを行うことによってクライエントの創造性を活発化し、ポジティブなイメージを増加させることにより、「トラウマ記憶の処理と理解」の向上につなげることです。ＰＴＳＤのその他の典型的な症状としてよくあげられるのが、「記憶からの逃避」です。前述したように、「戦うか逃げるかすくむか反応」パターンにがっちりと固められた脳にとっては、また不愉快な問題反応を起こす記憶などもってのほか、なるべく避けたい！　呼び覚ましたくはないことです。逃げるにこしたことはなしと、記憶を否定し、思い出すことを拒否します。ここで、脳の防御機能は主人を守るためいかんなく発揮されるのです。しかし、残念ながらネガティブなトラウマ反応を減らすには、その記憶と感情を思い出し、認知機能によって処理し、感情をコントロールしていくのがよりよい方法なのです。

大人のクライエントは覚悟を決めるまでトラウマの問題は話そうとしませんし、子どものクライエントは話をそらしたり質問を遠ざけようとしたり無視をして違うことをし始めます。そこで子どもたちには表現アートセラピーやプレイセラピーを使い、まずはセラピストとの信頼関係を築き、安心感を増やしていき、彼らの思いや感情、ポジティブなものネガティブなものすべてを含めて表現させていくのです。子どもたちは創造的な活動や遊びをすれば笑顔になり、その世界に夢中になります。表現アートセラピーを応用することで、彼らが治療に参加しやすくなり、プレッシャーや心の負担が軽減されるのです。

また、いくつかの脳研究によれば、遊びやアートをすることによってポジティブな感情が増幅され、感覚、行動範囲や社交性が広がると言われています（Hass-Cohen, 2005）。子どもたちのポジティブな感情は創造性と容易につながり、多種多様な方法をもつ表現アートセラピーの中に自分に合ったもの、表現の窓を見つけていきます。すなわち、本人たちが対面しなければならない難しい現実や問題でも、自分たちのやりやすい、身の丈に合ったところから始め、少しずつ安心感と共に窓を開けて見つめていけるのです。その一つ一つの窓から彼らのさまざまな過去そして今の思いが語られていきます。最初はその表現の意味もよくわからないものの、やがて認知機能が成長するにつれ、解釈につながっていき、より本人が受け止めやすい形で意味づけされ理解されて、情報として処理されていきます。

そして三つめ、表現アートセラピーの特性である美学や美意識もトラウマ治療において、重要な役割を果たします。表現アートセラピーを通して個人の美学や美意識を活性化することにより、「トラウマ記憶を処理、解釈するための柔軟性や寛容性を育む」ことです。トラウマ治療では「戦うか逃げるかすくむか反応」を軽減し、環境やものごとに対応する柔軟性の幅を広げたり寛容性を増やすことは重要な治癒過程であり、多くの時間を費やします。また、問題解決に対しても柔軟性や多角的視点や解釈をもつことにより、葛藤することも少ないままに解決へとスムーズにプロセスを進めていくことができるのです。この柔軟性や寛容性を発達させることにより、今までの負のパターンを繰り返す必要をなくし、社会生活に適応し、人生を謳歌させる体制を再構築していけるのです。

美意識が助けとなる

最近の脳科学の研究では眼窩前頭皮質と前頭前野腹内側部が美を感じとる場所ではないかという推測され、その部分は感情の調整や決断に大きく関わると考えられています（Castro, 2021）。表現アートセラピーではただ単にイメージを表現するだけに留まらず、さらにイメージを深めるために様式を変えたり、美意識をもってその作品を修正してくことがあります。なぜこのようなことをするかというと、実はトラウマを思い出しイメージを表現することにより、高まった感情を少しクールダウンし、美意識という客観的な視点をもつことで、今このイメージに何が起こっているのか、その意味を理解をすることが助けられるのです。さらには、イマジネーションが活性化されることにより、壁にぶち当たったとも思えた問題に対する新たな視点を見つけやすくなる、という効果も期待されます。創作活動によって美意識を活動させると、脳に配線の再結合を促した新たな配線を施すことにつながっていくのです。

例えば創作活動に没頭している時、あるいはリラックスして、心がオープンになって、ふとその絵や作品を見た、思い返した時、「ああ！　そうだったか！」と知らなかったことに気がついたり、何かインスピレーションが空から降りてきたような感覚を覚えることがあります。このことは表現アートセラピーの開拓者の一人、パウロ・クニルが提唱したデセンタリング・アプローチ（Decentering Approach）理論に近いものがあります（Knill, 2005）。この方法は、その人が行き詰まりを感じている心の問題を、日常の観点からいったん離れて、創作を通してイマジネーションをフルに活用し、新たな観点を発見し、解決策を見出すというものです。このデセンタリング・アプローチの中でも特徴的方法として実践されるのが美学的分析です。これは、クライエントが創作した作品を、セラピストからの質問と共にどうしたらよりよくなるのか、再考して修正していくという作業のことです。この作業により、クライエントは個人の美意識を活性化していきます。すなわち、脳の中では感情調整が促され、冷静な判断力が増していくという作用が起こるのです。それにより、今までは思いもよらなかった解決方法や選択肢を見つけることも起こりうるのです。表現アートセラピーを通した創作活動は、われわれのイメージ機能を増幅させるばかりではなく、認知機能にさえよい効果をもたらすのです。だからこそ、トラウマ治療における認知機能の向上にも効果的に応用できるのです。

2．親子相互交流療法で使う表現アートセラピーの知識と経験

親子相互交流療法（ＰＣＩＴ）はシエラ・アイバーグ（Sheila Eyberg）が一九七〇年代に考案した療法で、行動療法、プレイセラピーとしつけ法を融合させ、親子の交流による信頼関係を改善することにより子どもの心理的、行動的な問題を解決しようとするものです（Knill, 2005）。セラピーでは厳格な行程を踏むため、一見、表現アートセラピーにはまったく関係がないように思えます。しかし、プレイセラピーを使うため、実は表現アートセラピーの知識や治療経験が随所に役に立ちます。子どもや親の中には共通の遊びとして絵や粘土の創作を好んで行う親子も多いのです。前述したように、ＰＴＳＤの症状をもつ子どもたちの場合には、アートを遊びの一つに用いることは彼らの過活動でハイパーな脳をリラックスさせ、作業に集中させる利点があるのです。その際には、どんな画材を使うか、あるいはどんな技法を使うと親子が楽しめるか、勧めることもできます。また、遊戯療法を基本とした、特に人形やぬいぐるみなどのごっこ遊びでは子どものダイレクトな感覚や習慣が表現されます。また、好きなアート様式には熱心に取り組み集中します。

もし、これが表現アートセラピーだけを使う治療であれば、子どもたちから繰り出される言葉やからだを使った表現を助長させるように勧めるのですが、ＰＣＩＴでは子どもと親が会話に集中することを避けます。親が選択されたポジティブな言葉を使うことと、その言葉や態度に子どもが反応をすることを習慣化させることを目標としているからです。ＰＴＳＤの症状をもつ子どもたちの多くは人形などを乱暴に扱ったり、暴力的なシーンを再現したがる傾向があります。また、人形が危険な目に合うというシーンも多く、子どもたちからは「助けて！」という言葉が頻繁に飛び出します。そんな状況を目の当たりにして、たいていの親はドキッとしたり、困惑した

りします。そんな親たちに子どもの表現の意味を説明する時に、表現アートセラピーで得た知識と治療経験は彼らの不安の軽減や疑問解決に役立つのです。さらに、絵での表現でも、子どもたちの中には自然にトラウマに関連した絵やネガティブな感情を表した色やモチーフを描く子もいます。その場では詳しく分析はしませんが、治療時間以外に親とだけの対面時間を設けて、その絵から解釈したことを話し合います。

３．認知処理療法での表現アートセラピー

認知処理療法（ＣＰＴ）は一九八〇年代後半からアメリカで始められたもので、トラウマ経験によって生み出された不愉快なイメージやネガティブな思考を、言葉や書くことで表現することにより、認知的にイメージや記憶を処理し、考え方を修正していく方法で、成人のＰＴＳＤ治療に効果的であるとされています（Mcneil & Hembree-Kijin, 2011）。

トラウマによる後遺症に悩む大人の中には、創作活動や芸術が大好きなクライエントがいます。主にストレスマネージメントとして創作活動を勧めることが多いのですが、彼らは塗り絵や刺しゅう、編み物、写真撮影などをリラックスする方法の一つに選ぶのです。すなわち、トラウマ脳をリラックスさせたり、自己価値観を上げるために表現アートを活用させるのです。また、クライエントの中には実際に作家として活躍したり、ＳＮＳに投稿したり、本格的にダンスを練習したり、家具をリニューアルしたりして創作に没頭することで、ヒーリング効果を得ている人もいます。

多くのクライエントは、セッション中は会話に集中し、家での宿題として創作活動することを選びます。作品は写真を撮ってもらい、セッションで見せてもらい、その創作の過程をシェアしてもらい、そこから得た感覚、感情などを話し合います。トラウマに直結したモチーフの場合もありますし、直接的に関連したモチーフではな

くても、その作品や創作プロセスからトラウマヒーリングに必要な感覚が刺激され、トラウマの記憶と感覚の処理へとつながっていくのです。

例えば、あるクライエントはトラウマに関する記憶を思い出すことが困難でどう克服するのか悩んでいました。このトラウマ記憶を喚起することに抵抗が起きるのはＰＴＳＤのクライエントによくある症状で、脳の強い防御作用により、思い出すことを無意識的に避けてしまうのです。私はこのクライエントに自分の好きなダンスや日記などで、まずは自己表現をしてもらい、そこから自己洞察を深めてもらいました。また、箱庭をセッションで創作することも勧めました。クライエントの箱庭作品は彼らの無意識情報の宝庫です。本人が意識的に避けてきたトラウマ記憶の喚起も自然と発生してしまうこともあります。ここで、クライエントに彼らの深部の感情や封じ込めようとした過去の記憶を目の当たりにしてもらうことで、トラウマの認知や記憶の処理というトラウマ治療に必要なプロセスが始まるのです。思い出すことでネガティブな感情が再燃して痛みを伴う過酷な作業のようにも思えますが、表現アートセラピーを行うことで同時にポジティブな感情やイメージも増加させていくことも可能になるので、意外にもトラウマの記憶処理がスムーズに進むことがあるのです。

さらには、セラピストの視点とクライエントの視点から分析を行っていくことで、ヒーリングへと橋渡しをしていくこともできます。また、このような創作活動を趣味としているような大人のクライエントには、表現アートセラピーにおける「美意識」、「美学」という要素を効果的にトラウマ記憶の処理に応用できます。日常の出来事やストレスからトラウマの記憶が刺激を受け、ネガティブな感情や侵入思考、望んでいない不愉快なイメージが自動的に浮かんできても、創作に没頭をすることによって、気分が落ち着いたり、冷静さを取り戻したり、思考がニュートラルになり、さらにはポジティブな感情さえも沸き上がってくることもあります。これは、創作活動を通して彼らが「美」を意識するからです。美意識を発動させる脳内活動が始まると、感情は落ち着いてきて、作品を完成させるために、美意識のもと冷静な判断をしながら作業を進歩させていくことになるのです。

実際にインパクトが強いトラウマを体験したり、トラウマ体験が人生の中で繰り返され、トラウマ経験が複雑化されてしまうと、その障害から回復することはなかなか難しくなりますし、記憶を完全に取り除くことは困難になります。ダメージを受けた部分を修正し、新たに機能的な脳の配線をし直すにはとても時間がかかります。それでも不愉快な感情や記憶がよみがえってきたり、トラウマから起因して起こる心疾患を改善していくには、曝露法のようにトラウマ体験を心身で再確認し、本人に適したツールを使いながらそのことを脳とからだを使って再処理を何度も試みながら、自己調整法を徐々に確立していくことが大切なのです。大人のトラウマをもったクライエントも積極的にトラウマ体験を再認識する作業を行うことに対して抵抗が伴います。しかし、一度こうした理論を理解し、日常の生活からたびたび起こるトラウマによる不快感を自覚し、創作活動をツールとして用いながら心の中を調整していくと、徐々にその痛みも和らいでいけるのです。

4．トラウマフォーカスト認知行動療法における表現アートセラピー

私が表現アートセラピーを応用しているトラウマ治療法の一つは、トラウマフォーカスト認知行動療法（TF‐CBT）です。TF‐CBTは認知行動療法と社会学習理論を統合させた技法で、トラウマの心理教育を子どもとその親たちに提供するところから始まり、最終的に自分のトラウマ経験を文章にして親とシェアをすることを目標に、一段一段ステップを踏んでいくように構成されています。私はTF‐CBTを大まかにいって十一歳から二十一歳のクライエントに提供しています。アメリカでは実にたくさんのトラウマ治療法が実践されており、クライエントの症状や年齢、またはクライエントの好みにより選択することが可能です。私はクライエントとの面談によって、TF‐CBTが適していると判断をすれば提供していきます。私の経験では認知能力がある

程度発達していて、トラウマを克服したいというモチベーションのあるクライエントには、この方法は適しているように思われます。TF-CBTでは先に述べたような内容をできるだけ順番にこなしていくことが勧められていて、治療手順に従ったワークブックなどを参考にしながら一つ一つの治療目標をこなしていきます。

TF-CBTの過程の中では特に最初の方で、先述したような自己調整とトラウマ記憶の処理と理解のためのツールとして表現アートセラピーを活用します。クライエントがトラウマの話題に触れる、あるいは嫌なことを思い出すという作業に入ろうとするだけで、急に落ち着かなくなったり、何か触らずにいられなくなるのはよくあることで、まずは心を落ち着かせるために、塗り絵や簡単な落書き、粘土などを使い創作を促します。トラウマの症状をもつ子どもたちの傾向の一つに、彼らが落ち着きがなく活動過多であるため、多動障害と診断されることがあります。しかし多くの場合、そうした行動は彼らの不安の高さが集中力に影響するためであり、表現アートをすることで大概は落ち着きを取り戻します。また、彼らが何かしらの影響で学校や家でストレスをつのらせたり、あるいは単に外界からトラウマを連想させる刺激を受け、例の「戦うか逃げるかすくむか反応」のパターンを起こした場合にも、表現アートをすることでリラックスを促し、平常の脳機能に戻せるのです。

キャシー・マルキオーディはトラウマインフォームド表現アートセラピー（Trauma Informed Expressive Arts Therapy）を提唱していて（Malciodi & Crenshaw, 2014）、表現アートセラピーを通して感情の調整能力を向上させ、からだにおけるトラウマ反応を和らげる治療を行っています（Knill, 2005）。私もクライエントの選択に任せる絵画だけではなく、折り紙や工作、ダンスや作曲など常に表現アートの時間を設け自己調整を促しています。

一般的にトラウマに対する対応として当事者の感情を重視するあまりに、直接トラウマの傷に触れることを避けがちではありますが、実際には本人がもつ脳の回復能力を生かし、治療に沿ってトラウマ経験を認知しそれに伴う感情を差し替えていくことにより回復が早まります。とはいえ、子どもたちが自分のネガティブな感情に触れたり、痛みを伴う過去のトラウマを回想し言葉に表すのはたいへん困難な作業と言えます。ＴＦ‐ＣＢＴの初期の過程として重要な作業の一つが、自分はどんな感情をもっていてそれがどんな風にからだに影響しているのか、あるいは怒りや悲しみがどんな風にトラウマによって引き起こされているのか理解することです。ここで感情を色や形で表現することによって言葉で表現するよりも簡単で少し楽に作業をこなすことができます。また、「私の世界」という題の図や家族の絵を描いてもらうことで、言葉で説明するよりももっとわかりやすく彼らのもつリソースを理解することができます。

家族の絵

５．ケース紹介——自己調整とトラウマ記憶処理

それではここから、「心や脳を一度リラックスさせて、整えてから作業に集中できるようになる」という、自己調整のケースをご紹介したいと思います。このケースでは心を整える方法の一つとしてマインドフルネス（からだの五感に集中し、今の瞬間に意識を集中させることにより、心と思考にとらわれないようにする）の考え方を取り入れています。

マインドフルネスと美意識：自己調整の例

私がジェイクに初めて会ったのは彼が九歳の時です。彼は幼い頃に実の兄から性的虐待を受け、恐怖と不安というネガティブな感情に常に心が占有されるようになり、家でも学校でも落ち着きはなく、トラウマを連想させる記憶や刺激を避け続けてきました。さらに追い討ちをかけるように彼の養父が目の前で倒れ、彼のトラウマ反応は悪化せざるをえませんでした。言葉を発することも怖いし、母親との会話から養父を思い出すのも怖い状態のなか、唯一、彼が落ち着く方法がアートを創作することでした。彼は創作を始めると、集中力が高まり、夢中になって作り続けます。急逝した養父は彼をアーティストとして認めていただけに、アートは彼にとってトラウマ反応を引き起こすトリガー（誘因）でした。それと同時にアートは彼の自尊心を大きく支えるパワーのようなポジティブな存在でした。

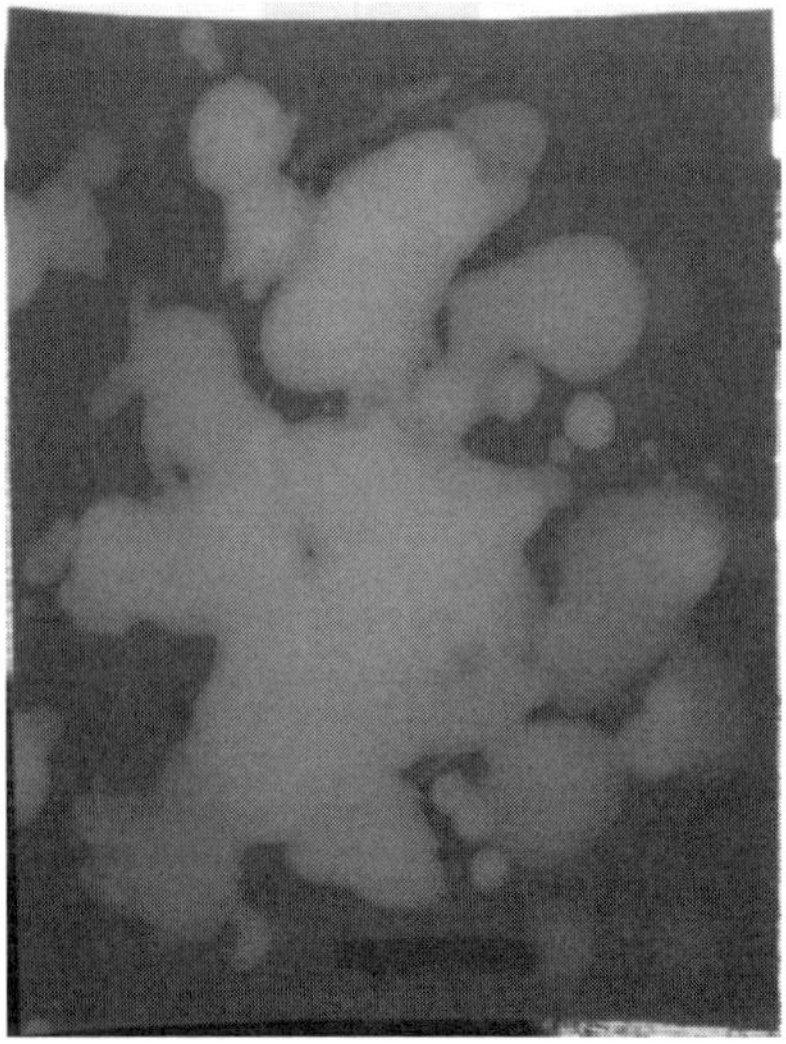
白インクを使った表現

左の作品は、まだ養父が亡くなって間もない頃、色を使うことに戸惑いを覚えながらも、油性の白インクが紙ににじんでいく様子が彼の好奇心をそそり、ついには窓にその紙を貼ってみて光の反射具合に思わず微笑がこぼれた時のものです。彼は一つ一つ白インクをにじませていきながらその手で感触を味わい、目でそのにじむ具合を確認しながらゆっくりと作業を進めていきました。それは、この絵と光の起こした美しい現象によって、今までの辛く悲しい心情から少し解放された瞬間でした。まさにこの過程はマインドフルネスに匹敵するものです。

多くの人が彼の作品を愛し、プロのアーティストまでも彼を評価しました。彼は創作すること自体に葛藤を抱えながらも、彼の内面ではアーティストとして美意識を育て続けていたのだと思います。次頁上の作品は彼の母親（趣味はガーデニング）から感化され創作したものです。彼はただ感覚的にオブジェを置くだけではなく、自分の美意識にこだわり、バランスを考えて作り上げていきました。運動・身体感覚を動員して行うこのような作業は彼に落ち着きを取り戻させ、さらに美意識が認知機能の活動を促すのです。

感情とからだへの理解を深める：トラウマ記憶処理の例

ジェイクも徐々に成長し、十二歳になり、学校生活も安定してきて、トラウマを克服したいというモチベーションがもてるようになりました。そこで彼の治療をTF - CBTを中心に行うことにしました。左下の絵は彼

ガーデニング

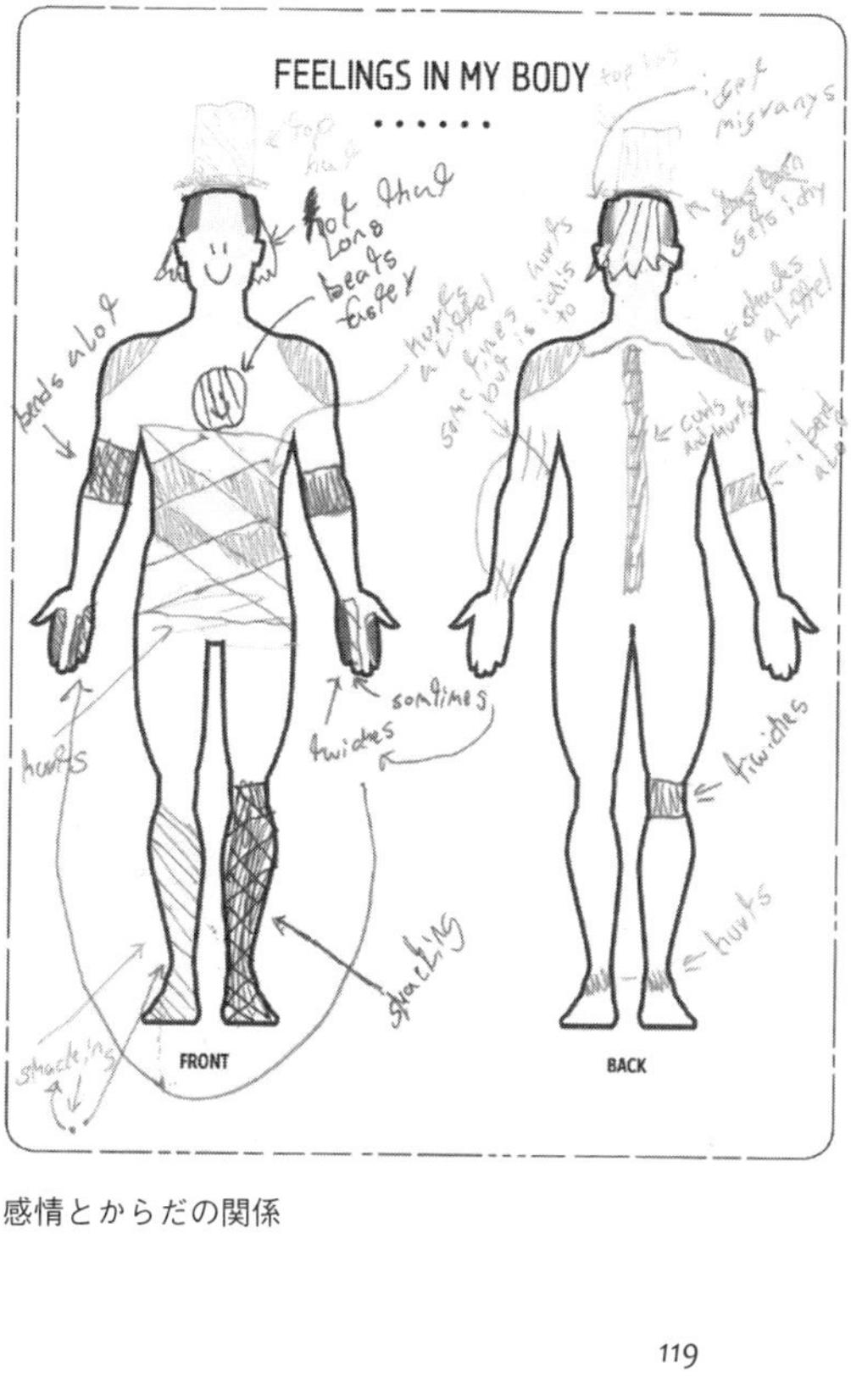

感情とからだの関係

が自分の感情とからだの関係を文字と色で表現したものです。

彼はもともと感覚には敏感で、からだの痛みや違和感をよく感じていたものの、口に出して表現するにはためらいがあり、こうして色で感情を区別してからだの部位別に指摘して表現することは得意なようでした。私としてはこの図によって、これほどストレスをからだに受けて反応していたことに気づかされ、彼のトラウマ反応をよりよく理解できました。

人生への影響を理解する：トラウマ記憶処理の例

ジェイクは大きなトラウマ経験の他にもいくつかトラウマ的な経験をしている、いわゆる複雑性ＰＴＳＤです。そのため、本人にどのトラウマを最優先して扱った方がいいか、本人への自覚とセラピストの理解のためにライフ・ライン（人生曲線）を描いてもらいました（次頁）。

ここで彼は二つのライン（ムードと出来事）を分けて描きました。この作業の結果、彼は養父との死別が最初の大きなトラウマ経験よりもダメージがひどく、これについても克服する必要があることを理解しました。

トラウマを癒す：自己調整の例

その後のセッションごとにトラウマの記憶に向き合い、時には箱庭をしながら、自分のネガティブな感情を少しずつ出しつつ、それに対応できるようなコーピング・スキルを学ぶ作業を続けました。彼は前向きになる大切さを知っていましたが、一方で傷つきやすくキャパオーバーしてしまい、ゲームで遊ぶことや食べ物に逃避してしまう傾向がありました。ついには学校で自傷や他傷衝動があることを先生にもらし、再入院することになってしまいました。退院後のセッションで彼は、「ストレスが限界にまで溜まってしまった。とにかく全部のトラウ

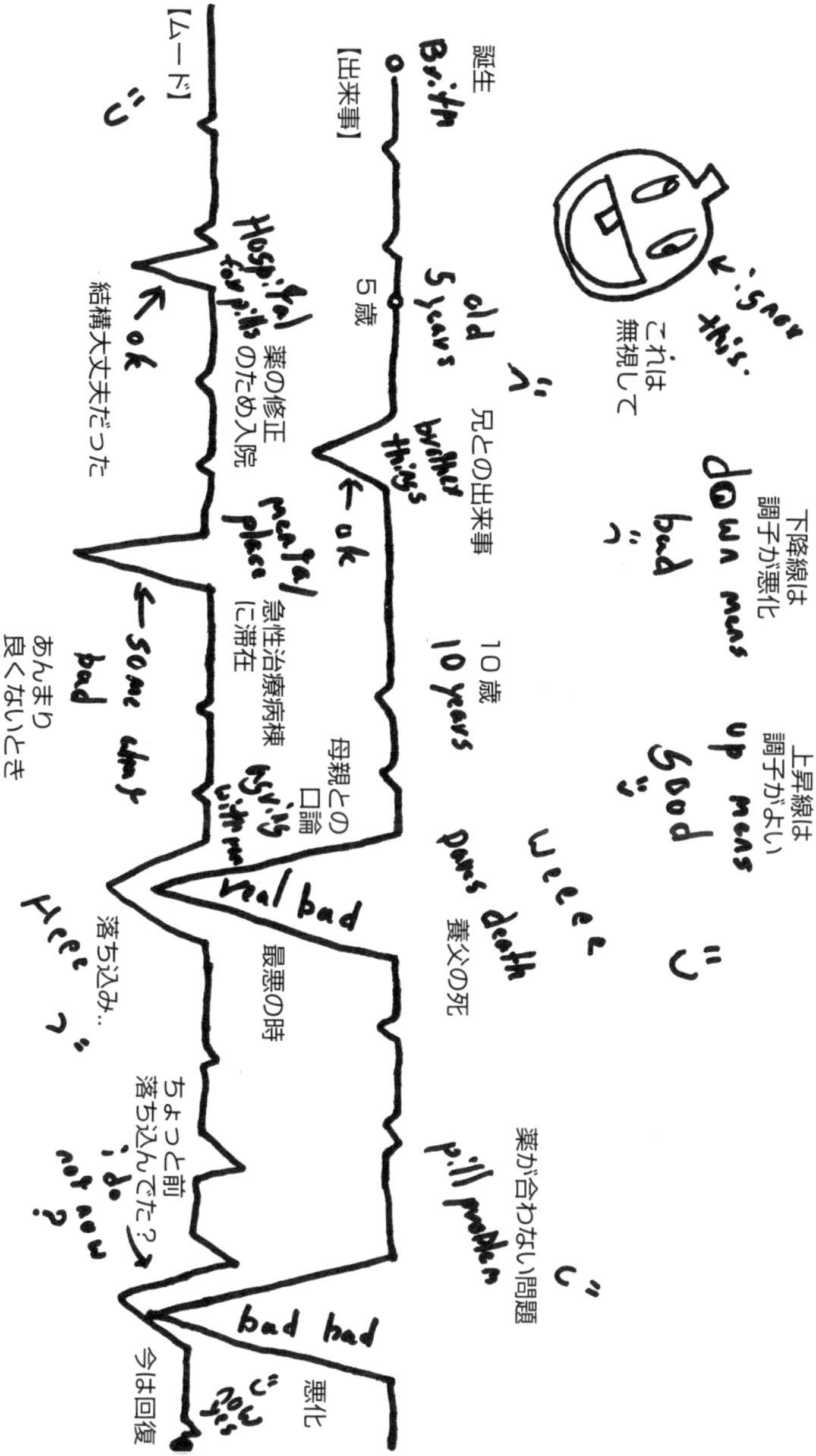
これは無視して
ignore this
下降線は調子が悪化
down means bad
上昇線は調子がよい
up means good
【出来事】
誕生
Birth
5歳
5 years old
兄との出来事
brother things
ok
10歳
10 years
母親との口論
養父の死
parents death
real bad
最悪の時
薬が合わない問題
pill problem
bad bad
悪化
【ムード】
薬の修正のための入院
Hospital for pills
結構大丈夫だった
ok
急性治療病棟に滞在
mental place
あんまり良くないとき
some what bad
落ち込み…
ちょっと前落ち込んでた？
今は回復

ライフ・ライン

マに対して、自分に対して、人生に対して怒りを感じて仕方がない」と話したのです。一見、今までのセラピーで積み上げてきたものが無駄になってしまったようにも思えますが、実はこれこそ彼がトラウマセラピーの癒しの段階で必要な過程だったのです。

養父が亡くなって彼のうつの症状はひどくなり、その後は母親と二人でなんとか生き抜こうと自分を律して頑張って、大丈夫、大丈夫と自分に言い聞かせ自分のネガティブな感情に蓋をし、大きな喜怒哀楽の感情さえ長い間麻痺させてきました。しかし、ここにきてこのセラピーによってまた彼の眠っていた感情と記憶が揺り起こされて、自分のトラウマ記憶と対になっている真の感情に気づき始めたのです。この感情こそ彼が乗り越えなければいけないトラウマ回復の大きな壁でした。

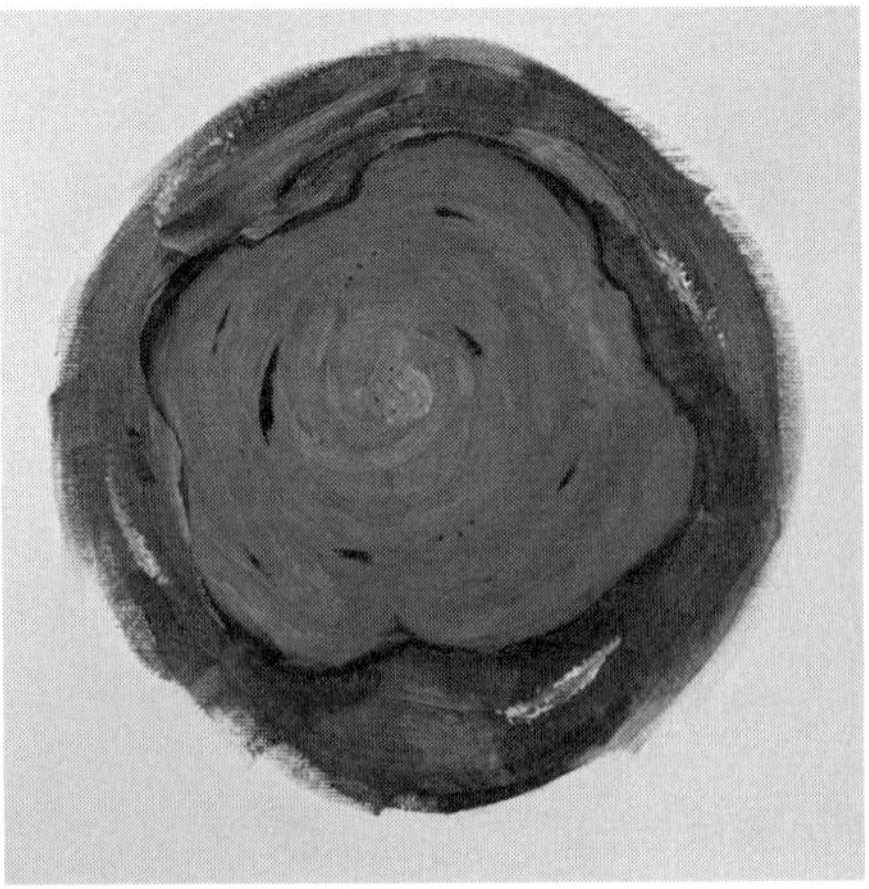

ポピーの絵

彼はまだ精神的に完全に安定した状態ではないのですが、母親やその友人たちが彼をいたわり励まし続けています。彼はそれらの愛や優しさを受け止めつつ、ほとんどの時間を母親と釣りや園芸をしながら夏休みを過ごしています。上の絵はトラウマを意識しつつ回復する自分のために描いたものです。彼の母親が好きで育てているポピーだそうです。この絵を描いている時の彼の表情は安心感と優しさであふれていました。

6．愛情調整能力フレームワーク――家族愛を成長させトラウマを癒す、ＡＲＣでの表現アートセラピー

私が表現アートセラピーを応用するもう一つの方法が、愛情調

整能力フレームワーク（ＡＲＣ）です。だいたい五歳から十五歳ぐらいまでの年齢の子どもで、認知機能がまだ発達途中の段階であったり、あるいは家族たちがその子どものトラウマ反応に悩まされていたり、大きな葛藤を家族間に抱えている場合に提供します。多くのトラウマをもつ子どもたちは親のトラウマ反応の影響を受けてしまい、しかし、親も完全にトラウマから回復していないためどうしていいかわからず、苛立ち、子どもを悪者に断定し、お互いに悪影響し合い「戦うか逃げるかすくむか反応」を引き起こし悪化させ、そのために子どものトラウマからの回復が遅れてしまいます。

このタイトルにあるように、この療法でのメインとなる治療介入は親たちへの心理教育と愛情を深め、子どもへのストレスや自分のトラウマ反応をコントロールしていくトレーニングになります。この療法では、親や親代わりの人たちの豊かな愛情があればこそ、子どもたちはトラウマに立ち向かい受け入れて立ち直っていくよう促されるため、最初に親子の関係性を修復することが重要な治療の土台となります。そして、親と共に子どもたちが徐々に感情と行動をコントロールできるように練習を重ね、心の苦痛を和らげるコーピングスキルを身につけながら、最終的には彼らがトラウマ経験を受け止めて認知的に理解できるようになるまでガイドしていきます。

それではここからＡＲＣの中で表現アートセラピーを使った具体的な例をご紹介しましょう。最初のケースはインターモダル（後述）をトラウマを理解するために応用したものです。次に親子セッションの中でクライエントが表現アートセラピーを通してネガティブな感情や行動を調整させていきながら、トラウマの記憶を処理させたケースを紹介します。

ケース１：創造性、美意識を通してトラウマを受け止め理解を深める（インターモダルとトラウマ理解の例）

アビーは十歳の時に一歳年上の姉とともに里親に引き取られました。姉が徐々に里親たちになじんでいく一方、彼女は生来の親からのやり方や好みに執着し、家の中で孤立を深め、ついにはグループホームに入り里親と一線を画すことを望みました。ひどい言葉で里親や姉を傷つける一方で、愛情あふれる温かな家庭の雰囲気を望んでいました。姉と共に楽しい時間を過ごすことに強いあこがれを抱きながらも、実際に姉に会って、妹に傷つけられた姉の痛みを受け入れることを恐れていました。彼女は私とのセラピーの他にも他のセラピストと共に家族療法を受けていました。里親は私との個人セッションを通して寡黙な彼女が何を考えているのか知りたいと願っていました。

油彩絵の具を使った表現

彼女はもともとアートの創作が大好きで、絵、詩、デザイン、洋裁など、毎回違ったモダリティで表現したがりました。彼女の創造性は高く、彼女は彼女なりの美意識をもって創作をしていました。私は治療当初から彼女には表現アートセラピーのインターモダル・アプローチが適応できると判断していました。インターモダルとは表現者の状況や意思、治療者の観点から目的に応じて、多様な様式（モダリティ）を、一つの様式から違う様式へと転換させていくという表現アートセラピーの方法の一つです。例えば、最初にクライエントがムーブメントで表現した困惑した思いを今度は絵で表現してみたり、詩で表現してみたさまざまな思いを次に楽器を使って表現しようと試みるなどです。

セッションが始まった当初から彼女はアート材料の知識、好奇心と情熱を臆することなく見せてくれました。そして、その表現は彼女の言葉にできない心の声そのものでした。最初は上のような心のストレスの発散のような大胆で自由な表現が多かったように思います。

しかし、家族療法の里親の前では、彼女はほとんど自身の感情や家族の思いを言葉にすることはできませんでした。そんな中、ある日のセッションで、彼女は姉への本当の思いを粘土作品を通して表現しました。

家族との会話の中で感情に押し潰されて言葉はうまくつながらなくても、表現アートを通してなら、創造性とつながることにより自分自身が生き生きとなり、創作を通した美意識で感情を受け止め理解することが可能になったのです。

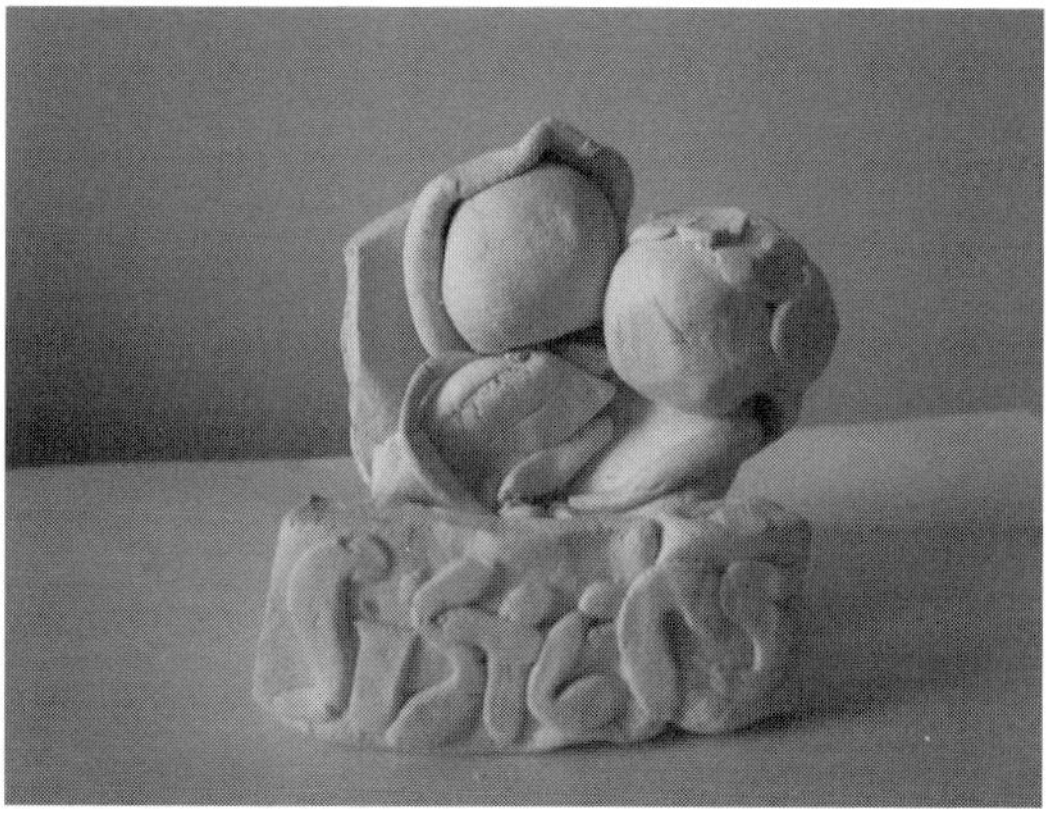

姉妹への思い

愛についての詩

この粘土作品ができた後、私は彼女にさらに彼女の好きな詩文を添えることを勧めました。その目的は、彼女の創造性を違うモダリティを使って発展させ、自分の感情を再認識させ、自分が本当は何を望んでいるのか自覚してもらうことでした。

愛
それはいろんなところからやってくるもの
姉妹のような
母のような
それでも愛は人間の謎のようなもの
でもいつも特別な存在になるもの

実際、彼女が書いたものは家族と自分は本当はこうなってほしいという彼女の願望の一部のようにも思えます。この強い願望があればこそ彼女はグループホームで生き抜き、そして最終的には家に戻ることを決意できたのかもしれません。彼女の里親も彼女の作品を通して彼女の心の奥深い部分を理解することができ、家族として再出発をすることを決心したようです。

ケース2：創作しながら共鳴し合うこと（トラウマ記憶処理と自己調整の例）

メグは七歳の時に生みのお母さんを亡くし、以前からたびたび短期的に里親になってくれたエミリー夫婦に引き取られました。メグはエミリー夫婦を本当の親のように思っていたので、喜んで里子になることを了承しました。しかし、エミリーが考えていた以上にメグのトラウマは複雑で重く、彼女はいつもネガティブな感情を口にし、何かに困ってもエミリーたちに助けを求めず、「自分には助けられる資格なんてない」、「自分は悪い子だ」と言い続けてきました。実は彼女の生みの母親は何かつけては彼女を叱り、弟の方ばかり可愛がっていたのです。彼女は自分に対する自信を完全に失い、どのようにして親を信頼していいか、わからなくなっていたのです。

エミリーたちは最初、メグのトラウマ反応にどう対処してよいか戸惑っていましたが、ＡＲＣのトラウマ療法を通してトラウマ反応について学び、徐々にどうメグに接すればいいか自信をもてるようになってきました。メグもイラストを描くことが大好きで、エミリーに送る絵をたくさん描き、彼女への愛情を示しましたが、メグもトラウマ反応から自分の真の感情について話すことは大の苦手で、なるべく避けようとし続けてきました。その結果、エミリーたちも時に困惑し、何がメグの本当の気持ちでどう助けていいのか迷う日々が続きました。そこで、私はメグとエミリーたちの相互のコミュニケーション能力が高まるように、また互いに信頼をし、アチューンメント（共鳴）能力が高まるように一緒にゲームをしたりアートの創作をしたりすることを勧めました。

メグは相変わらずポジティブに自己肯定するような言葉は避けがちですが、一緒にゲームをする時間はだんだんと長くなり、箱庭を一緒に創作しプレイセラピーをすることを心から楽しむようになりました。この小さな箱庭でのコミュニケーションは単に幻想ではなく、現実世界の実際のコミュニケーションの再現になります。はじめはお互いの領域や境界のせめぎあいから始まり、どんなオブジェを置くかなど、そのたびごとに互いの妥協点を見つけ、それぞれのオブジェを尊重し合うアクションにつながっていきます。この遊びやロール・プレイを通して互いの共感力高めて、日常でも自然とケアし合えるようになっていく練習をするのです。最初の箱庭の作業では、メグは思いっきりわがままになり、エミリーが好きなオブジェを置くのも許そうとはしませんでした。しかし、エミリーが悲しそうな表情をしたら、いったん自分の好きなものを取り出して、新たに新しい風景を作ろうとエミリーに提案しました。それが左の箱庭です。二人は家族が素敵な庭でピクニックをしている風景を作りました。

そして、メグはこの人形を使いエミリーとままごと遊びを始めました。この年齢にしてままごとは少し幼稚に思えるかもしれません。しかし、メグにとっては生みの母親と十分に楽しめなかった遊びであり、エネルギーを共鳴し合い、愛情を確かめ合う作業なのです。この仮想の箱庭と人形であればこそ、素直にネガティブな感情を完全に思い出すこともなく、楽しみながらやり残した母親との作業を今、里親とともに完了することができるのです。子ども本人だけではなく親と一緒に箱庭をすることにより、親と子のチームが成立し、子どもは親とチームでトラウマを解決できるのだという自信が生まれて困難を乗り越えようという勇気が出てくるのです。

アチューンメントワーク1

数回の箱庭作業の後で、出来上がったのが次頁の箱庭です。全体的にはメグが主導権を握り、入れるものや配置を決めています。しかし、エミリーは右上の角に自分の「平和的コーナー」を作り、メグの自由なスペースと全体の様子を見守るように眺める自分の人形を配置しました。メグもそれを快く認めました。この光景は実際のエミリーのメグに対するふだんの接し方とよく似ています。もちろん、この回でも箱庭でロールプレイが行われ、二人で左下の店に買い物に行くという設定を作り、メグはエミリーに「携帯がほしい！」とおねだりをしました。実は本当にメグはエミリーに買ってほしいと前から言っていて、まさにここでもエミリーにチャレンジをしたのです。エミリーはあえなくこれを却下しましたが、メグはその代わりに好きなお菓子を買ってもらいました。

前述したとおり、以前はメグはエミリーに到底おねだりなどできない子で、「自分はいいから」とあきらめがちでした。しかし、信頼関係が出来上がってくるにつれ、本当の思いを相手の反応を恐れずに伝えても大丈夫だという自信もつき、箱庭では臆することもなく表現できたのです。さらに、自分の欲求が達成されなくても、ネガティブな気持ちにどっぷりとつかることもなく、代わりのものを要求して心が折れないように感情の自己調整ができたのです。

アチューンメントワーク２

現実を直視することは怖くても、イマジネーションの世界なら少し安心して自分にチャレンジすることができます。こうしてクライエントは表現アートを通して実際の問題に対するロールプレイを行い、感情をコントロールするコーピングスキルを学んでいけるのです。さらにもっと親子でコーピングスキルを積んでいき、最終的には子どもたち自身からトラウマストーリーを語れるようになれる状態にもっていくことが、トラウマ克服の目安となります。メグももう少しチームワークの練習が必要なようですが、少しずつ最終ゴールへと近づいていけるでしょう。

Ⅲ　オンラインセッションと表現アートセラピー——コロナ禍で発達した新たな試み

二〇一九年にコロナが発生以来、ここアメリカでも感染拡大を恐れて、われわれのふだんの生活はしばらくの間、インドア中心の生活形態に余儀なくされました。社会との接点にはインターネットが必須となり、われわれの感覚や感性もその環境に慣れるため変化しながら適応してきました。セラピーの世界でもこの社会環境の変化は大きく影響し、セラピストたちもどのようにセラピーを提供したらよいのか、方向転換、試行錯誤が求められました。私のクライエントの子どもたちも学校は閉鎖され、ホームスクールになりズームでクラスに参加することが日常になりました。コロナへの恐れもさることながら、身近の人の死に直面したり、運動不足による健康への弊害まで起こりました。活発な子どもたちは課外活動ができないことや、友達と遊べないことからの欲求不満がつのりました。内向的な子たちはますます友達とのつながりを失い、ゲームや自分の世界にどっぷりとつかる日々を送りました。さらに家族が一つの家にぎゅうぎゅうとなって、プライベートなスペースを確保するのが大変になり、不満や苛立ちをぶつけ合ったり、中には家庭内暴力にまで発展してしまうケースも少なからずあったようです。

こんな息のつまるような家での状況から、私たちセラピストの役割は、子どもたちと社会とのつながりを保ち続けていくよう励ましていくこと、抱えている問題が悪化していかないようチェックをズームセッションでしていくことでした。また表現アートセラピーという方法を使うことで、子どもたちに安心して自分の感情を表現できる場を提供することができました。ここではズームを使ってどのように表現アートセラピーを提供したかを少しご紹介したいと思います。

1．ハーイ！　ズームセラピーにようこそ！

忘れもしない二〇二〇年三月末、私が所属しているクリニックでは上からの指示で午後の対面面談はいったん保留とし、明日以降はズーム面談に移行することになりました。われわれセラピストは困惑を隠せずに、これから一体面談はどうなってしまうのか？　今後の見通しが立たない不安に同僚たちと共にため息をもらしました。

しかし、そうとはいえ現場の対応は早く、翌日には全員にラップトップが配給され、どのようにズーム予約をするか使い方の指導を受けました。戸惑ったのはセラピストたちだけではありません。親や大人のクライエントも「ズームって何？　フェイスタイムと違うの？　それにしなくちゃダメ？」と質問と不満の連続。挙げ句の果ては「インターネットにつながりにくいんだよね。電話じゃダメなの？」と言い出す親や成人のクライエントも。しかし、危機管理上の問題から、われわれはあくまでオンラインでクライエントの表情が見られることを強く求めました。さらに、われわれは遠隔医療の実践のためにプライバシーの保護やそれに伴う危険性をクライエントや保護者と話し合いをし、許可をもらうなどの手続きを完了しなければなりませんでした。私もコロナ禍以降、ズーム面談から始めた新しいクライエントが何人かいて、後に対面に移行した時に、面と向かった再会にクライエントと感動をシェアしたり、ズームの中では知ることのなかったクライエント本人の真実や現実問題に本当に驚かされたりなど、意外なドラマを経験することになりました。

いざズーム面談を始めてみると、子どもたちも、「なんでズームでセラピーするの？」と集中する気になれません。まず考えねばならなかったのが、いかに彼らの目を画面に引き寄せることです。そこで、ユーチューブにある心理系や教育系の動画を見せて、クイズをしたり、オンラインゲームを一緒にしたりと、まずは彼らの興味のあるものでなんとか参加するモチベーションを上げました。また、セラピストのための心理系サイトでも、オンラインで心理学やコーピングスキルを学べるゲームを開発していたので、そのようなものも取り入れ、とにかく飽きのこないようにさまざまな種類のものを組み合わせてセラピーの導入部分を考えました。

2. どんな気持ち？ 表現してみようよ！

オンラインセッションで早速役に立ったのがズームのホワイトボード機能です。言葉はもとより記号やラインを色で表現できるので、子どもたちは自分の好きなことを絵で表現できる場を得ました。また、子どもたちの中には絵を描くアプリを携帯やパソコンに入れている子もいて、素晴らしいコンピューターグラフィックを描いて見せてくれたり、キャラクターデザインアプリではアニメに触発されたオリジナルキャラクターを発表してくれたりしました。ここでセラピストから、本来ならばクライエントの問題や心模様に関連させたテーマを出すのが普通のセラピーの流れなのですが、このようなズームセラピーの場合には、無理にテーマを指示することはありませんでした。というのも、オンラインのセッションというのは面白いもので、彼らがいったん作業に集中すると、完全に自分の世界に入っていきやすくなるので、ふだんのカウンセリンググルームで行うようなコミュニケーションとは違うエネルギー交流になってしまうのです。

表現アートセラピーでも立会人（witness）のセラピー的効果が重視されているように、同じ空間でクライエントの創作を見守ることは彼らの心理的変化に大きく影響するものです。ダンス・ムーブメントセラピーでは必ず立会人がいて、見守った感想を伝えます。私はズームセッションでは、なるべくクライエントが好きなように自分の思いや感情を表現できるよう心がけました。先にも述べたように、それはオンラインではセラピストとクライエントの境界線が以前とは同じではなく変化してしまうからであり、また彼らの切羽詰まったセラピーのニーズが安心して自分や自分の感情を表現するということにあったからです。言い換えれば、ズームセッションではクライエントの感情の解放、それによる心の安定、ポジティブな感覚の復活を表現アートセラピーで行うことを目標にしていたのです。

例えばあるクライエントは自ら率先して歌や踊りをズームで披露してくれました。彼女はカウンセリンググループでは踊りたがりません。しかし、自分の部屋で誰も見ていない隔離された状態であればこそ、躊躇することなく表現できるのです。私は彼女の選ぶ曲や歌詞から、その時の彼女の心の変容をうかがい知ることできました。何人かの思春期のクライエントとは多くの音楽をシェアしました。クライエントによってはその曲のどんなところが好きか説明してくれたり、どんな風にコーピングスキルとして使っているかなど話してくれました。それと同じように日本の漫画やアニメなどもシェアし、元気づけてくれる場面とかワクワクするシーンなどを話し合いました。

３．表現アートはトラウマ治療でも有効？

私はコロナ禍以前から、トラウマ症状をもつクライエントには積極的に表現アート的な活動をセッション以外ですることを勧めていました。コロナ禍という状況で屋外に行くことが制限されている状況でも、オンラインのダンス、歌、絵画レッスンを通して何かしらの方法で気持ちを表現することを勧めました。つまり、対面セッション以外のところでも、表現アートセラピーの治療の効果をねらっていたのです。たとえ実際に表現アートを取り入れたトラウマセラピーができなくても、クライエントが日常の中で表現アート的な創作活動を行い、自主制作を通して何かしら治療目標に発展していければと考えたのです。というのも、トラウマを治癒させるためには、あるいはトラウマ脳の回路を再組成するには、からだを動かしながらトラウマから起因されるネガティブな感情を再体験して、その感情を少しずつコントロールできるように加減を心と体で覚えていく必要があると思うからです。これを実行するのに表現アートは実に有効的なのです。

トラウマ治療の第一人者が推す表現アートセラピー

最近の研究ではいかに表現アートがトラウマ治療に効果的なツールになるか証明されつつあります。現在のアメリカでトラウマ研究の第一人者として知られるベッセル・ヴァン・デア・コーク氏は、いかに演劇がトラウマ治療に効果的かを研究し、発表しています（Van der Kolk, 2014）。そのプロジェクトの一つが、少年犯罪者の更生を目的とした、「裁判所のシェークスピア」と呼ばれるものでした。

ベッセル氏によると、ある裁判官は少年たちに裁判でこう宣告したそうです。「刑務所に行くか？　それとも、芝居をするか？　どちらかに決めなさい！」。そのプロジェクトで、彼は複雑性ＰＴＳＤを抱える少年犯罪者が、最初は目も当てられないほどのひどいトラウマ障害反応から回復の歩みを始める過程を目の当たりにしたそうです。少年たちのほとんどが一緒に同じ部屋で椅子に座っていることさえも困難な状態から、徐々に仲間を信頼し始め、今していることにも全然集中できない状態から、マインドフルネスを会得し、自分の心とからだに耳を傾け始めたといいます。サイコドラマやドラマセラピーなどに例が見られる、演劇におけるさまざまなエクササイズやワークは、チームビルディングや人間関係の改善や修復、自己洞察力を高める方法として効果的です。そして、なんと言っても、パフォーマンスによってさまざまな感情を表現することがトラウマの治癒に効果的だというのです。

ベッセル氏によれば、トラウマ体験者は感情的になることを非常に恐れており、感情的になってコントロールが効かなくなることを避けようと必死になるというのです。つまり、トラウマ体験のようなひどいダメージを二度と受けまいと自己防衛本能が常に働いてしまうというのです。しかも、健康な人なら普通に聞き流すような情報や言葉、音などの五感を刺激するものに対しても、過覚醒状態であることから過敏に反応してしまうため、それを避けようと孤立しがちになります。しかし、こうした世界から自分を隔離する行為は、結果的に人間的な濃くて深い感情体験から一定の距離を置くことになってしまいます。そして彼らの深層内部には未消化の傷ついた感情が取り残されているのです。トラウマ治療の視点から言えば、未処理のトラウマ記憶とネガティブな感情が脳の奥底に貯蔵されていて、何かしらの外部刺激によって、時に応じてよみがえってきては本人にとって不都合で不愉快な状態や事態を何度も繰り返し招いていくのです。

しかし、それでなくても自分の感情をコントロールすることが難しく、嫌なことを強要されれば、反発して凶暴になる少年らがどうして芝居などができるのでしょうか？　もちろん、これは裁判官からの命令なので、否応なしに参加せざるをえないというところでしょうが、実は案外、彼らも芝居で感情を表現し楽になりたいという動機をもっているのではないかと思うのです。これは自分のクライエントたちを観察していて気づいたことなのですが、トラウマの後遺症を抱えた成人の多くが、なぜか犯罪シーンがよく出てくるドラマや刑事ものドラマを好んで視聴しているのです。この傾向は恐らく、彼らが無意識的に個人的なトラウマ体験を「誰にでもありうる」と「標準化」させる作業を行っているのではないかと思うのです。

ドラマのヒーリングパワー

トラウマセラピーでは治療の一環として、クライエントが自分のトラウマ記憶を標準化するように促します。多くのクライエントはトラウマ体験から心が傷つき、自分だけが特殊な体験をしたんだと思い込み、孤独を感じ、ネガティブな感情に翻弄されてしまいがちです。それに対してわれわれセラピストは、トラウマ体験は誰にでも起こりうることであるんだ、という心理教育的な情報を提供して、クライエントに客観的な視点をもたせ、自己肯定感を得ながら安心感を徐々に増やしていく作業をするのです。人間には自己防衛本能や平常心を保とうと機能する調整能力があって、ふいに戻ってくるトラウマの記憶やネガティブな感情に対し、ただただ、痛みを感じ打ちのめされるのではなく、なんとかうまくやり過ごそうと、無意識に行動を促されるのです。ドラマの物語から自分たちのイマジネーションが刺激され、登場人物と自分を重ね合わせ、同じような体験をあたかもしたかのような感覚に陥るのです。物語にいったん入りこめば、登場人物のセリフが自分自身の本当の心の吐露となり、誰にも邪魔されることなく、ネガティブな感情的な体験をイメージの中で再現することができるのです。こうした作業によって、過去のトラウマ感情も消化していけるというわけです。画面を見つめたまま涙を流し、癒しのプロセスが始まることもあります。一見、ＰＴＳＤの症状をもつ彼らは、恐ろしいドラマを避けて通るように思われるのですが、実は日常のテレビ視聴からトラウマ治癒を自ら行っていることもあるのです。

後出のコラムに書いたように、実は私も芝居をすることでトラウマ障害から回復した一人です。当時の環境では、周囲の大人たちが、私が抱えていた心の問題はトラウマの後遺症からくる不安や落ち込みだと、私に気づかせ助けてくれることは非常に難しいことでした。私は言葉にならない叫びを抱え、なんとかこの痛みからのがれたいともがき苦しんでいたのです。そして幸いにも演劇に出会いました。私は登場人物の設定や心情を熟考し、自分が本当にそれを感じるかのようにからだの中に落とし込み、実際の自分の感情模様と照らし合わせたり、比較しながら、演技をすることを覚えていきました。演劇をすることを通してさまざまな人間の感情を認知し、ようやく自己のネガティブな感情と向き合える機会を得たのです。時には本当の自分の声と重なり思いっきりその感情をセリフに乗せて表現することもできました。こうして、私の演劇を通した自主的なトラウマ治癒は始まっていったのです。もちろん、その当時は表現アートセラピーの存在などまったく知りませんでした。さらに言えば、その頃から多くの劇団の芝居を鑑賞するようになり、自己のトラウマ体験をドラマのストーリーから標準化できたり、芝居の登場人物のセリフに共鳴することにより、言葉にできなかったようなネガティブな感情も昇華できたように思います。

表現アートはトラウマ治療を効率化させる

演劇の特質としてあげられるものの一つとして、作品自体が人間の本質的な感情のコレクションであり、人間が避けては通れない葛藤や極度な感情体験が凝縮されたものであり、視聴覚的にわれわれのイマジネーションに強烈に刺激を与えるということがあります。演劇で役を演じることによって、われわれは自動的にその脚本のセリフから動作から、さまざまな感情の再体験をします。再現された感情が自己のトラウマ記憶につながった時などは、痛みを伴い崩れ落ちそうな感覚を覚えるかもしれません。しかし一方で、脳の中では「自分は演技をしているのだ」「舞台に立っているのだ。ここで支離滅裂になるわけいかない」という風に理性も働いているのです。ふと前を見れば、演出家も他の役者も、観客もいて、「これはあの時ではない。現実ではない」という感覚が頭の隅をよぎり、なんとか冷静さを保つことができるのです。トラウマを経験したことを再現することによって脳内ではその体験の客観的認識が行われ、その記憶と感情の処理が進みます。すなわち、パフォーマンスを通して自己調整能力が働きトラウマ反応が軽減されていくのです。

このような演技をしながら、過去のトラウマ体験につながる感情を再体験することは、いわば、TF-CBTで行われている段階的なトラウマエクスポージャー法に匹敵するものです。彼らは痛みを伴う刺激にさらされ、からだの反応に脅かされながらも、心の振り子を調整し平常心を保つ訓練をするのです。いったん、刺激から反応する自分の心身の状態を把握し、受け止めると、意外に楽にコントロールが効くようになっていきます。さらには、他の役者たちが演じるものをその場で共有することにより共鳴作用が起こり、トラウマが緩和されることも起こりうるのです。これは見ている観客でもイマジネーション能力が高い人の中には、役者たちに近い癒し効果を得ることもあるでしょう。

実際、このことに近い治癒体験をしたクライエントたちが過去にいました。一人は学校で自己の葛藤を芝居で再現する機会に恵まれて、演じた結果、過去のトラウマからくる根深い怒りを昇華し、感情をコントロールしやすくなりました。もう一人は自分の過去のトラウマ体験を詩にして観衆の前で発表しました。それ以降、トラウマ反応が原因だった不安も軽減されていきました。

そのクライエントの創作過程と発表の様子を聞いていると、パウロ・クニルが提唱したデセンタリング理論（Knill, 2005）を彷彿させるものがありました。このクライエントの場合、体験した感情を表現することが第一の作業で創作の目的でしたが、作業の中でアーティストとしての美意識が発動されていることがわかりました。すなわち、どんな言葉を使えばより正確に自分の感情が伝わるか、どの言葉が心地よくあるいは美しく伝わり、観客の心に響くだろうか。創作活動を通して自然にこの思考プロセスが進行したのです。この美学的分析が創作過程に含まれることで、トラウマ処理と自己調整が効果的に進んだのではないかと思います。しかも、単にこれは痛みを伴う、ネガティブな感情を吐露する作業であっただけではなく、美学分析過程を通してイマジネーションの活性化が起こり、新たな問題に対する視点がもてたり、さらに創作によるポジティブな感情が増幅されるようなプラスの効果も得られたように思います。

表現アートセラピーの応用効果

このように、表現アートをトラウマセラピーの中で応用すると、いくつかの効果が期待できるのです。特に体験がよみがえってしまうことを恐れ、記憶を言葉にすることに非常に抵抗がある人、自己防衛本能が発揮されて、トラウマ後遺症の改善のための行動に踏み出せない人、とにかく嫌だと、感じることから逃げてしまう子どものクライエントなどには表現アートは有効的なツールになると期待できるでしょう。表現アートのもつ特徴的な長所、例えば言葉やそれ以外の非言語的な方法で感情を表現することを可能にして、しかも感覚神経を活用し、からだから拒否反応が出てしまった状態を調整しつつ適応力を高めていける点などは、ある種トラウマ治療に抵抗を覚えたり、行き詰まりを感じた人たちにも、回復への突破口となり打開策につながるかもしれません。だからこそ、直接的にセッションの中で表現アートセラピーを使いトラウマ治療を行わないにしても、クライエントが行う課外活動や趣味活動の様子を聞き、表現アートセラピーの効果とトラウマ治療のつながりを伝え、活動をすることを勧めて、試してもらうのです。そして、その活動報告から得た情報を、それぞれの個人が回復に必要な要素として、パズルのように一つ一つとピースを合わせていって、最終的な「治癒の絵」を完成させていきます。これもある種の大切な治療の一つだと思えるのです。

特にズームのようなセッション方法をとる場合、クライエント自身の考え方、思考パターンを考慮し、彼ら自身で自己洞察力や分析や自己効力感を高めることができるような、情報提供や目標設定の提示を行うことや、実際に彼らが動いていけるような励ましをすることは、治療効果を上げる上で重要なポイントになります。ズームでは直接クライエントのそばで話を聞き、心を支え、ワークをしていくことを励まし、エネルギーを与えることは効果的に行えないかもしれません。しかしそれでも、クライエントの治療に適した情報提供や彼らの個性や行動パターンの理解や問題の解決能力を適切に判断し、創造的な改善案の提案などを行うことは可能です。つまり、われわれがクライエントを理解し、それぞれの個性に合わせた自己主体性を育み発展させていくこと、最終的には彼らが自分の判断と能力で、人生の中で対峙しなければならない問題を乗り越えて生きていくための自信を一つ一つつけていくことが、究極的なセラピーの目標だと思うのです。

4．なりたい自分になる！　――キャラクターをデザインする

ここ数年、若年層のクライエントたちのほとんどが日本のアニメや漫画に感化されていて、私が何か言う前に自らオリジナルキャラクターを描き出します。そういえば自分も誰に何を言われるまでもなく、漫画やアニメを見ては自分のオリジナルキャラクターを作り出しストーリーを作って何時間も没頭していました。先ほども述べたように、ズームの向こうで話しながら描いている子もいるし、最近では対面セッションを再開したので、カウンセリングルームで自ら絵を描き始める子もいます。彼らを観察していると、キャラクターを描く技術を磨くことに夢中になっているようだし、彼らの好きな夢の世界に浸っていることで心を安定させているようにも思えます。

面白いのは、彼らは完全にある漫画やアニメの世界を模倣するのではなく、彼らの今の心や嗜好をなんとなく織り交ぜて描いていることです。つまり、いろいろな意味で「彼ら自身」を表現しているのです。「僕はこれが好き」「私はこうよ」「これがいい」など、自分のことを話すのは苦手だけど、絵で何か表現することはできるよと、私とコミュニケーションをしようとしていると思うのです。実際、必ず彼らは私にその絵を見せようとします。もちろん、彼らなりにセッションでは何かしなければいけないという責任感も感じているというのもあるでしょうが、誰かに受け止めてもらえる嬉しさと安心感を感じているようにも思えます。

スーパーヒーローセラピー

トラウマセラピーではヒーローキャラクターを描くという方法があります。低下した自尊心を上げるために、

シンボルとして潜在意識に刻みこんでいくには効果的です。私のクライエントもできる子はできますが、どちらかというとやらせられた感が強く、あまり楽しそうではありません。この傾向があるのは、この子たちにとって自尊心や自己評価がトラウマとして根の深い問題となっていること、誰かに拒否された、低評価された、無視されたという事実から完全に回復していないことを表しています。「自分はよくない」「十分ではない」「自分を認めたくない」そんな複雑な思いが彼らの頭で交錯し、自分と意識するだけで心が凍りつき、「無理！　無理！」と反応してしまうのです。

こんなことから、クライエントには無理にキャラクター作りを強要しません。まだまだ自己価値観で葛藤のある子たちには自由に描いてもらい、その絵を見せてもらって理解しようと質問をしたり、感想を述べながら、そのキャラクターが背負っている物語、性格などを聞き、彼らが表現したい気持ちや考えを受け止め彼らの独自の世界を肯定します。こうすることによって、彼らの安心感が増幅され、ポジティブな感覚を経験することができます。こうした小さな作業がトラウマでダメージを受けた脳の組み替えにつながっていくのです。一つのキャラクター作りから、やがてそれが一つの創作集となり、そしてついにはその子の中にある「アーティストとしての個性」を自覚するところまで発展します。さらに、他者から高評価を受ける機会に恵まれると、彼らの自尊心の改善につながります。

ただし、ペルソナ（架空人物）や自分が作り上げた自己像だけで人生を全うすることは難しいし、トラウマを完全に克復することはできません。強化された自己効力感をエネルギーにして、傷ついた本当の、そのままの自分を受け止める作業がさらに必要になります。まずはアートができる「今の自分」を認め、「まあまあかな」「ま、いいか」と思えること。そして、ポジティブな感覚や感情が増えて安心感をいつも感じられるようになれば、たとえ彼らが家や学校でストレスを感じる状況に立たされても、忍耐力が少しづつ増えてきて、なんとか乗り切ろうと自分の足で踏ん張ることができるようになるのです。毎回のセッションでは彼らが徐々にその練習を重ねていくように励ましていくのです。トラウマ治療法に表現アートセラピーを応用していくところでも述べたように、まずはアートをきっかけにしてクライエントに安心感やポジティブな感情を増やし、自己効力感を増やしていくことが、大切なセラピー過程、問題解決への橋渡し、ヒーリングの重要な素地になるのです。そして、その基盤を強く作り上げることができれば、彼らの考え方の幅が広がり、行動や思考パターンの再構築が始まっていくのです。

Ⅳ オンラインセッションと対面——表現アートセラピーの未来

世界的にコロナ共生が促進され、制限枠も軽減されてきた二〇二二年後半から、クライエントのほとんどがカウンセリングルームに戻ってきました。それでもさまざまな理由からズームセッションが必要なクライエントはいます。私としては、表現アートセラピストとして、独自のアプローチを続ける立場から、なるべく対面セッションを推進しています。前述したとおり、同じ空間の中で創作をして作品をシェアすることは、表現アートセラピーの大切な臨床プロセスであるヒーリング効果につながると思います。私のクライエントの一人は、コロナ禍の中でズームセッションから始まったのですが、対面に変えてからズームセッションを拒むようになりました。しかし、ズームセッションには利点もあります。便利であるし、事情がありカウンセリングルームに来られないクライエントにとっては、セラピストとつながる大事なコミュニケーションのツールです。セッション内容としても情報交換や情報提供としては十分に効率的に行うことはできます（たまにインターネットの接続が悪くなることで少しストレスを感じることもありますが）。また、クライエントも自分だけの場所や部屋を確保できてズームをする場合は、安心して作業や創作に没頭できます。

個人的には、トラウマセラピーや表現アートセラピーを使った臨床の観点からも、オンラインセッションはある一定の問題解決や成果を上げることは可能だと考えます。しかし、より完全に近い回復には対面が必要になってくるようにも思います。しかし、実際にオンラインで表現アートセラピーを行いたいというクライエントもいます。また、オンラインと対面の両方を状況や必要に応じてやっていく方法もあるかもしれません。これからは、このようなニーズから表現アートセラピーのオンラインセッションの研究を進め、実践方法を発展させていく必要もあるでしょう。私としても、表現アートセラピーの新たな利点や特質を発見していくことにたいへん興味があります。これからも表現アートセラピーにさらなる創造的な視点を加えつつ、この方法が臨床心理や治療にいかに有意義な方法であるかを提唱していけるよう、努力していくつもりです。

Column
コラム

なぜ私は表現アートセラピストになったのか？

ジョーンズ美香

表現アートセラピストになるべくして与えられた人生経験

今回、こうして幸運にも自分と表現アートセラピーの出会いを振り返ることができる機会を与えていただいたことで、改めて自分の人生の意義を再確認することができました。私にとって表現アートは無意識に行う呼吸のような存在であり、過去のトラウマを癒し、未来への希望として変容させていく力強いエネルギーを与えてくれるようなものです。表現アートという存在はいつも自分を突き動かしてきた大きな希望であり、あこがれ続ける光のようなものものであるといえます。とにもかくにも私の人生は表現アートセラピーなくしてはありえなかったのではないか？　と思えるのです。

思い返せば私は幼少の頃から漫画を描くのが大好きで、いつも一人で時を忘れて描き続けていました。日本舞踊と民謡は六歳ぐらいから習い始め、母の営む民謡酒場の舞台で太鼓や民謡を披露していました。高校の頃より芝居をすることにのめりこみ、挙げ句の果てには大学と大学院で「演劇におけるコミュニケーション」をテーマに論文を書く次第となりました。私がその頃に熱病にうなされるように考えていたのが、「いかに人は演劇に感動するのか？」ということでした。その当時に行き着いた結論のようなものは人間のイマジネーション機能が感動に作用しているのではないか？　ということでした。さらに思春期には家族問題でトラウマ体験をし愁苦の思春期を送った私は、芝居をすることによりなんとか生き抜くことができました。このような自らの経験から、演劇には癒しや精神的な治癒作用があると強く信じることができたのです。

しかし一方で、大学院に進学した理由の一つは、心の底からやりたいことも仕事もまだ見つけられず、「自分の人生の意味」ばかり考えていた、いわゆるモラトリアム人間で、社会に出ていく準備に時間がかかっていたからです。しかも、自分の直感を重視していたため、「これだ！」というものを感じられない限り前に進めない、親からすれば本当に困った若者でした。

自分の答えを見つけるために留学

大学院在学中にドラマセラピーという分野が世界にあることを発見し、私は英語が苦手であるという欠点をも省みず、渡米する決意をしました。今から考えても無鉄砲で思い込みの激しい性格でした。表現アートセラピーとの出会いは偶然に起こりました。たまたま英語研修のため訪れたボストンで、知人からドラマセラピーを学べる大学院がそこにあることを教えてもらったのです。しかもそこではドラマセラピー以外に、アートセラピー、ダンスセラピー、ミュージックセラピーなど、それぞれの芸術療法を表現療法という大きな枠組みの中で学べるというのです。私はこれは何かの縁と思い立ち、苦手な英語をなんとか克服して、レスリー大学大学院表現療法プログラムに入学したのです。

学生は自分が訓練してきた芸術手法によって専門分野を決めるのですが、私の場合は演劇だったので、各手法にまたがるインターモダル（多様な様式を用いる）の専門グループに属することになりました。インターモダルでは、違った芸術様式や手法を組み合わせてイマジネーションの発展に従い様式をトランスファー（移動）させていきますが、それは表現アートセラピーの一つの方法論です。入学したての頃は理論を学んだらすぐに日本に帰国するつもりでした。ところが、クラスメイトたちの臨床現場での実践経験の話を聞くうちに、「理論だけで完全に学べない」、「自分の実践経験を積まなければこの理論を習得したことにならない」という事実に気づき、マサチューセッツ州認定心理士の資格を得るためのより実践的な訓練を行うことを目指したのです。

やっと見つかった本当にやりたいこと

こちらのほとんどの臨床心理学系の大学院では長期にわたる臨床訓練、インターンシップが卒業要件を満たす条件になっています。私は最初の実習を慢性的な精神疾患をもつクライエントが通うデイケアセンターで行い、次に病院の精神科で行いました。そこでの経験はまさに自分の臨床家としてキャリアに大きく影響し方向づけたと言えるでしょう。実習先で初めてアートセラピーグループに参加し、参加者たちがそれぞれに創作とつながりながら自己洞察力を高めたり、問題解決のヒントを得ていく過程を目の当たりにして、雷にでもうたれたかのような大きな衝撃を受け、私は自分の人生の中で初めて心から「この仕事をしたい！」と思い始めたのです。

また、病院の精神科での集団療法では、セラピストたちが患者たちに治療を与えていくだけでなく、患者たちが毎回、さまざまなことを学び影響を互いに与えていくことが患者自身の回復へとつながっていくというユニークなグループの利点を多く学びました。実習の経験は表現アートセラピーと臨床の関係性の扉を開くきっかけとなりました。すなわち、表現アートセラピーがアメリカ社会での精神医療に貢献し役立っているということを学んだのです。また、素晴らしい恩師（スーパーバイザー）との出会いも、職業としての表現アートセラピストに対する理解を深め、表現アートセラピーを自分のライフワークとしていくことを決心させた根底にあると言えるでしょう。

卒業しても紆余曲折、深まる疑問

大学院卒業後、私は州認定心理士の資格のための要件を満たすべく本腰を入れて仕事を探し始めました。しかし、大学院を卒業したての初心者で、しかも仕事をするためにはワーキングビザのサポートを雇用主から受ける必要がある外国人には、多くの仕事の選択肢はありませんでした。まずは邦人系の自閉症児のための特殊教育学校の寮に勤め、その後にマサチューセッツ州の南部に位置する街のメンタルクリニックのカウンセラーの仕事を始めました。

その地域は州の中でも際立って犯罪の多い街で、決して安全に働ける場所とは言えないものの、多くの貧困層が居住し、精神医療やカウンセリングを必要としていました。しかも、クリニックの方針で、クライエントの家を訪問するアウトリーチを強く勧めていました。私はトラウマを受けた子どもや成人のクライエントを治療していくトラウマチームに配属され、里親の家、学校、シェルターなどさまざまな場所でさまざまな年齢層のクライエントを支援しました。そこでの仕事は、トラウマ治療の中に表現アートセラピーを応用するという手法を始めるきっかけとなったと言えます。また、表現アートセラピーの技術を利用し、老人ホームや認知症の介護施設で集団療法を担当する経験もできました。

その後、慣れない英語での書類書きなどでからだを酷使した影響で、自分の健康が急激に衰えていくのを感じるようになりました。子宮がんの疑いがあるという検査の結果を得た時に、自分には何か変化を起こす必要がある、と感じました。そこで、以前から心によぎっていた博士課程への入学を再考し始めたのです。私の博士課程入学を動機づけたものは、実際の臨床経験から得た感想で、表現アートセラピーのより実践的な臨床方法の提供の必要性であり、日本での学生時代から思いつめていた疑問点、「イマジネーションと感動、癒しとの関連性」の答えを見出すことでした。大学院博士課程入学後、インターンシップ先の恩師の下でまた表現アートセラピストの仕事の続け、最終的に日本で論文のためのリサーチをすることになりました。

日本での表現アートセラピーの実践

日本に帰国後、企業の従業員支援プログラムでカウンセラーとして仕事をしながら論文のための準備を進めることになりました。そこは、過去に経験したアメリカでの臨床経験とはかけ離れた世界でした。きちんとした肩書きをもつ会社員たちが美しく整えられたカウンセリングルームに来て、仕事や日常生活に差し支えのあるストレスやうつの症状、不安症状などの問題解決を試みるという、私にとっては一八〇度ぐらいの視野の転換が必要となった援助の仕事でした。しかし、この仕事は私にとって現在の日本人がどんな悩みに直面しているのか理解する大きな基盤となりました。また、精神科病院で表現アートセラピーのグループを担当する仕事は、どのようにして日本人のクライエントに表現アートセラピーを提供していくのかを経験する臨床の場となりました。さらに小野京子さんが主催する表現アートセラピー研究所において、多くのワークショップを経験したり、講座を受け持ったことは、日本人に適応した表現アートセラピーとは何かという重要な課題を考える貴重な体験となりました。

日本の臨床経験を通して、私は日米の文化的背景の差異と共に、日本の特殊な精神性などに注目するようになりました。そして、治療の効果を期待するためにはクライエントを支える家族の背景、養育経験などへの治療的介入が一つの鍵となるのではないかと考え始めました。そこで、精神分析の勉強や家族療法の勉強も始めました。この注目点は後に再渡米をし、臨床家として再活動する際の仕事選択につながることになりました。

最終的に博士論文では、表現アートセラピーの開拓者の一人であるパウロ・クニルが唱えたディセンタリング理論の日本人への適応性についての研究をまとめることになりました。結果として日本人へのディセンタリング理論の適応の大きな可能性を見出しました。また、文化的、美学的、精神文化的にも日本人は表現アートセラピーを臨床やコーチング、自己啓発法などにも応用できる大いなる可能性をもっているという結論に達しました。

ようやく見えてきた表現アートセラピーの意義

Ph.D. の取得という大きな人生の節目を迎えた一方で、私生活ではアメリカ人の伴侶を得たことから、再度アメリカに居住し、そこでの臨床の仕事を再開することになりました。州立心理士免許のコースを完了をし、マサチューセッツ州中部郡にあるコミュニティ・メンタルヘルスクリニックにて、以前のように子どもから高齢者にわたる広い患者層の臨床を実践してきました。ここではトラウマをもつ患者を中心に、トラウマ治療と表現アートセラピーを組み合わせた臨床を提供していました。

この仕事を掘り下げて極めていく過程で、私はもう一つ自分にとって大切な表現アートセラピーの意義を見つけたのです。それは、表現アートセラピーを通して多くの人の役に立ちたい、問題を解決するための手助けをしたい！ということです。この大胆不敵とも言えるような思いつきに私はチャレンジし始めました。しかしこれこそ私が表現アートセラピーを探求し続ける真の原動力なのです。さまざまな臨床方法が混在し、つぎつぎと新しい方法が開発されて、なおかつ効果が常に求められているアメリカの臨床心理の現場で、どのように表現アートセラピストとして臨床を実践していけるだろうか？　ということをよく考えます。ほとんどの地域のカウンセリングセンターでは表現アートセラピーを専門に学んでいないセラピストたちも日常的にアートを使い、子どもにセラピーを提供しています。では、どのような点で私は自分の独自性をセラピーの中で有効活用できるのでしょうか？

さらなる最終目標に向かって

そして現在の職場である表現アートセラピーセンターでは、スーパーバイザーとして後進の育成に力を注ぎつつ、表現アートセラピーを提供しながらこの疑問の最終的な答えを見つけようとしています。もちろん、長年にわたり表現アートセラピーに関わり、経験と知識を積んできた点では、確かに私はこの方法をよく理解していると言えるでしょう。ただ、もっと自己の本質的な部分で、自分は表現アートセラピーを臨床として提供することに適しているように思えるのです。

自分がどう育ったのかという環境や、どのように表現アートセラピーに目覚めていき、助けられてきたか、今までの人生の歩み、考え、行動へと進む傾向が人生のサバイバルパターンとして脳に構築されています。この性質は、私のような思考や行動傾向をもつクライエントとワークをする時に実に役に立つのです。彼らがなぜアートが好きなのか？　なぜ創作したいのか？　何を表現したいのか？私には理解することができます。私が彼らの創作するアートに、自分の感性からそのアートを受容し反応していくことで、クライエントとアートを媒介とした深いエネルギー交換も可能になります。さらには、このいわばアートすることに長けているアート脳を使って、どんな風に彼らの問題を改善できるのか、生きやすくしていけるためにアート脳をどう生かしたらいいのかをガイドしていけます。さらには、創作活動やアートが好きなクライエント独特の繊細な感性から生まれる内向的な性質や、自意識過剰性、人間関係への葛藤や、独自のやり方へのこだわりや過剰不安になりやすい傾向について、自分の経験を含めて理解することができますし、彼らがなるべく楽に乗り越えていけるように一緒に考えていくことも可能です。

人間は一人一人の個性と性質をもち、独自の問題を抱えているように、そのニーズに対応すべくさまざまなセラピストが世界に存在します。私は、私だからこそできるワークで助けることができるクライエントに出会い、彼らの人生にインパクトを与えていくことができると思うのです。

振り返ってみると、私の人生で障害とさえ思っていた困難なことやトラウマ体験さえも、多くの人のさまざまな人生を理解する上で必要不可欠なことだったのではないかと思えるのです。援助職は実際、容易な仕事ではありません。人を助けるためには日々、自己鍛錬が必要だと私は信じています。それでも、表現アートセラピーがもつ特性、人間の創造性を最大限に生かし、ポジティブな機能を促し、成長を助けるワークによって、奇跡のようなコミュニケーション体験をクライエントとできることは、本当に素晴らしいことだと思うのです。私はこれからも自分にとっての表現セラピーとは何か、そしてクライエントに表現アートを提供していく意義とは何かという疑問を追求していきたいと思っています。そしてその答えこそが誰かしらの人生やストーリーにひらめきを与えていくことにつながっていくのだと信じています。

第4章

表現アートセラピーを使った精神科での臨床

濱中寛之

本章では、表現アートセラピーを使った精神科での臨床についてお伝えします。

二十年ほど前に精神科でのグループアートセラピーの仕事につきました。当初は戸惑うことも多く、周りのスタッフや患者さんの協力を得ながら試行錯誤をしてプログラムを作ってきました。この二十年間、患者さんたちやスタッフと共に行ってきた表現アートセラピーの時間は、私にとっても大切な時間でした。また表現アートセラピーを受ける患者さんたちが、表現活動を通じて回復する姿を見てきました。生きがいを失っていたけれど、表現活動が生きがいになり人生が大きく変わった方もいます。日本の医療や教育現場では、まだ表現アートセラピーがアメリカやイギリスのようには普及していません。たくさんの人に表現アートセラピーの素晴らしさを知っていただき、表現アートセラピーが多くの人の役に立つことを願っています。

Ⅰ　精神科における表現アートセラピー

精神疾患の回復に役立つ治療法はいろいろありますが、表現アートセラピーもたいへん重要な心理療法の一つであることは、二十年間さまざまな医療機関や教育機関でセッションを行う中で実感してきました。精神科でアートセラピーに参加されるクライエントには、思春期に精神疾患を発症して、それまで描いていた人生の夢が崩れてしまい自信を失った方や、長期入院の中で回復の希望が薄れてしまった方もいます。しかしそうした方々の中には、グループアートセラピーに参加することで、芸術に新たな生きがいを見出した方たちもいます。病室や自宅で塗り絵や折り紙、絵画を始めたり、展覧会に向けて作品制作に励むなど表現活動が日常生活にも広がり、さまざまな形で日々の生活が大きく変わった人たちもいます。

社会的にひきこもり、自信を失っていた方も少なくありません。アートセラピーは、制作活動や自己表現を通し対人関係に慣れ、自己表現やコミュニケーションへの不安感を緩和させることができます。グループ制作は、楽しみながら人と関わり人間関係に自信をつける助けにもなります。そして自分がグループ活動で何が苦手であるのか、どんな強みがあるのかを安全な人間関係の中で学ぶことができます。

アートセラピーに参加する際には、制作することへの不安を抱えている方が多いです。しかし技術のレベルを問わないセッションになっているので、最初は制作に不安を抱いていた人たちの多くが、制作を楽むようになります。長期入院している方にとっては、レクリエーション的な楽しみ、気晴らしや気分転換が主な目的の方もいます。またスタッフや他の参加者との会話・関わりを楽しみに来られる方もいます。

アートセラピーは、さまざまな自分の感情が表現される場にもなります。そのため治療的利点としては、それまで気づいていなかった自分の気持ちを受容し、気持ちの整理や自己理解を促進させます。多くの場合は、患者さん自身で受け止められる程度の気持ちが表現されます。しかし場合によっては、病気にまつわる辛い感情、トラウマや暴力性に関係する感情などが出てきて、患者さんが不安定になることもあります。そのため精神科でアートセラピーを導入する時には、それぞれの患者さんにとって辛い感情や思い出などが過度に刺激され不安定にならないよう、テーマや材料を考慮して提供していくことが必要です。

また病院で仕事をする時には、精神疾患を十分に理解し、チーム医療の一員として、患者さんの治療目的、日々の課題や取り組みを共有することが大切です。その上でアートセラピーの長所を生かして、患者さんの治療に役立てるように、治療目的を明確にし、アートセラピーを実施していきます。

まず私が働いている病院について紹介し、それからアートセラピーの効果、治療的枠組み、そして治療内容やテーマについて説明していきます。

Ⅱ　精神科専門病院でのアートセラピーの臨床

私が二十年間表現アートセラピーを行ってきた西八王子病院は、地域に根ざした精神科専門病院として一九六五年に開院されました。統合失調症を中心に、うつ病、摂食障害、てんかん、双極性障害、パニック障害、思春期うつ、ＰＴＳＤ、パーソナリティ障害、摂食障害など、さまざまな精神疾患の治療が行われています。慢性期病棟、急性期病棟、ストレス病棟に加え退院後も通院できるデイケアがあります。治療は薬物療法と共に、認知行動療法、運動療法、作業療法なども取り入れた統合的な治療が行われています。

リハビリテーション科ではアートセラピー、音楽療法が専門家によって行われています。私自身はアートセラピーを担当しています。アートセラピーや音楽療法の時間のみでなく、日々作業療法士やさまざまな立場の職員が患者さんの多様な表現活動に取り組んでいます。病院のロビーや廊下にはアートセラピーや作業療法で作られた作品が飾られ、透析室の部屋の壁には、たくさんの折り紙の作品が飾られています。

ストレス病棟のロビーでは塗り絵や折り紙なども準備してあり、患者さんたちが会話を楽しみながら、自由に折り紙や塗り絵、絵画に取り組む姿が見られます。また患者さんたちの作品の展覧会が行われています。東京精神科病院協会で行っている「心のアート展」や市の出展に向けた活動などもあります。

私は表現アートセラピーの専門家ですが、この病院ではビジュアルアートを中心にしたアートセラピーのセッションを行っています。表現アートセラピーの特徴である、さまざまなアート表現については、セッションの中のウォームアップや、回復が進んだグループでビジュアルアート以外の表現（ダンス、詩や物語を書く等）として取り入れて効果を高めています。

１．統合失調症について

精神科のアートセラピーには、さまざまな精神疾患の患者さんが参加します。特に統合失調症を抱えている人が多く参加します。統合失調症の生涯発症率は人口の〇・七％と推計されています。百人に一人くらいなので、身近な病気です。病気の原因は今のところわかっていません。さまざまな仮説がありますが、脳内のドーパミンという物質が過剰になるなど統合失調症になりやすい要因をいくつかもつ人が、家族や仕事などの人間関係のストレスやライフイベントのトラブルなどがきっかけになり発症すると考えられています。

統合失調症には、陽性症状、陰性症状があります。陽性症状では人には見えないものが自分にははっきり見え、聞こえる「幻覚」と、周りの人からは明らかに間違った内容を信じている「妄想」が、よく知られる特徴的な症状です。陰性症状では、感情の鈍化、意欲の低下、ひきこもりなどがあります。

陽性症状は、薬の開発で、昔に比べてある程度コントロールされるようになりました。しかし、定期的に陽性症状があり、不安定になる方もいます。病院内でも現実には聞こえない悪口に対して、大声で怒鳴る方、妄想が強くなっている患者さんが、非現実的な人間関係のトラブルや不思議な出来事について話始めることなどもあります。また、陰性症状のため、表現アートセラピーに参加しても意欲が少ない方もいます。また制作に興味がないけれど、病棟にひきこもる傾向が強く、なんとか病棟から出て活動をする意欲を高めるために、スタッフに勧められて参加している方もいます。長い間ひきこもって生活していた方、人と関わることや、人前で話すのが苦痛な人もいます。

アートセラピーを提供するセラピストとしては、患者さんたちの病気の症状や弱みだけをアセスメントするのではなく、患者さんのもつ個性や人生を生き抜いてきた強みの部分にも目を向けてサポートすることが重要です。

2. 精神科での表現アートセラピーの対象とその効果

イギリス・アメリカにおけるアートセラピー

精神疾患の患者に対する表現アートセラピーはさまざまな形態で行われてきました。精神科で治療として行われたアートセラピーは、イギリスやアメリカでは一九四〇年代から主にアーティストや美術教師により始まりました。イギリスではロンドンの精神科病院のアートスタジオで統合失調症患者に行われたアートセラピーによって、治療的重要性の認識が広まりました。伝統的には、精神分析に基づいて補完的治療として行われてきました。イギリスやアメリカでは、一九七〇年代にはアートセラピーの資格制度も整い、多くの大学でトレーニングコースが開設され，正規のアートセラピー教育を受けた資格をもったアートセラピストたちが，医療従事者として精神科領域でアートセラピーを行うようになりました。イギリスではアートセラピーは医療行為の治療として処方され，国家資格をもつ専門職によって，国の医療ガイドラインに従い行われています。

保険診療として臨床を行っているため，医師は国で定められたアートセラピーの診療基準に沿って，必要に応じてアートセラピーを処方します。保険診療が認められるためには，エビデンスが重視されます。エビデンスベースの治療が求められる現在，アートセラピーの研究も進められていますが，明確な有効性を示すためには，まだ多くの課題を残しています。現在の時点で治療の有効性がかなり認められてきているものをいくつかあげると，乳がん患者の不安の減少，帰還兵のトラウマ治療，子どものトラウマ治療などがあります。

ＮＩＣＥ（イギリス国立医療技術評価機構）では，精神疾患の治療として薬物療法と共に行う心理療法の一つとしてアートセラピーが推奨されており，次のような効果が期待されています（NICE, 2014）。

①精神疾患，統合失調症の人々がさまざまな形の経験を通して他者と関わる新しい方法を見つけ，コミュニケーション能力を向上できる。
②人々が自分自身を表現し，自分の経験を満足のいく美的（aesthetic）な形に整理するのを助ける。
③創造的な過程で表れた感情を，その人に適したペースで受け入れ，自己理解を深める助けになる。

統合失調症に対するアートセラピー

統合失調症の患者に対して行った臨床の研究では，さまざまな方法でのアートセラピーの最も重要な利点として，芸術の制作過程，描かれたイメージに対する美的考察によって，自己意識が強化された点が示されています。また、自己意識の強化は対人関係による緊張を和らげ、自尊心を高め、その影響で社会的能力が向上したと報告されています（Teglbjaerg, 2011）。

統合失調症の患者さんがグループでアート表現することには、さまざまなメリットがあります。例えば、統合失調症を抱えた患者さんが、日々の困難や症状による妄想や幻聴、幻覚の経験や気持ちを言語で他者に伝えることは難しい場合が少なくありません。しかし患者さんが、絵を通して体験を表現することで、言葉では伝えられなかった気持ちや経験を表現することができ、他の患者さんやセラピスト、スタッフに受け止められることは、治療的にとっても重要です。統合失調症による自己認識の乱れや、社会で自分が満足できる居場所や役割が見つけられないことなどが原因で、自分自身が世界から疎外されているような体験をされている患者さんも多いです。患者さんにとって、抱えていた辛い気持ちをアートの形で表現する場所があり、一人の大切な人間として尊重されることはとても意味があります。

アート表現を通して、自分の感覚に合った自分の気持ちや考えを表現することができます。さまざまな形態の芸術を通して自己表現することで、自分の感情や考え、自己認識に多様な視点が提供され、自己認識の変容や新たな可能性や能力を得ることもできます。また、自分の気持ちや感情、抱えている問題がアート表現として作品となり、患者さんが距離を置いて見ることで、自己理解の助けにもなります。

八王子病院では、前述したようにビジュアルアート中心のアートセラピーのグループを行っており、その上で表現アートセラピーのよさである、歌やゲーム、ちょっとした踊りなどを取り入れています。時には文章表現（詩や物語）も行います。また回復期の患者さんのグループでは、さらにさまざまな媒体の表現を取り入れています。

これまでに、統合失調症の陽性症状に対するアートセラピーによる治療については研究されていますが、不安や幻覚、思考障害、妄想、幻聴などの陽性症状の治療は薬物療法が効果的とされ、主な治療法となっています。しかし統合失調症に伴う感情の平板化や意欲の低下、ひきこもりなど、陰性症状や認知機能障害を目覚ましく改善する治療薬は開発されていません。そのため陰性症状に関しては、薬物療法と共に精神科リハビリテーションや社会的支援、そしてアートセラピーなどの心理療法が役立ちます。

３．精神科でのリカバリーという概念

近年日本でも、患者さんが症状や障害をもっていても、夢や希望をもち自分らしい人生の生き方を選択して主体的に生きることを大切にする、リカバリー（パーソナルリカバリー）という概念が、統合失調症の支援者や当事者の間で使われ始めています。

精神疾患の患者の治療、サポートに関しては、日本とアメリカを比べると大きな違いがあります。アメリカでは一九六〇～七〇年代に精神医療が入院医療中心から脱施設化、地域生活中心への移行が進みました。アメリカで脱施設化や当事者活動の中で生まれたリカバリーという概念が、欧米を中心に国際的に広がりました。そして二〇一〇年からは、リカバリームーブメントとして世界的な潮流となり精神障害支援に影響を与えています。日本でも近年は当事者の主体性を重視した、パーソナルリカバリー志向の支援を取り入れる動きも出ています。パーソナルリカバリーで重要とされる概念は次のとおりです（国立精神・神経医療研究センター地域精神保健・法制度研究部、二〇二一）。

①他者とのつながり
②将来への希望と楽観

③アイデンティティ・自分らしさ
④生活の意義・人生の意味
⑤エンパワーメント
⑥生活のしづらさ・いきづらさへの対応

国際標準の治療指針の三つのリカバリーとして、社会的リカバリー、臨床的リカバリー、パーソナルリカバリーがあります。社会的リカバリーは、住居、就労、教育、社会ネットワークの拡大など社会的視点での回復を目指します。臨床的リカバリーは、幻覚幻聴など症状の改善、認知機能の向上など機能回復を目指します。精神薬での症状の治療や、作業療法や理学療法士による機能回復などもこれに当たります。患者さんが、症状や障害の治療や緩和など臨床的リカバリーに取り組むことも大切ですが、パーソナルリカバリーでは、患者さんにとっての生きがい（well-being）を探求し、患者さんが主体的に、生き方を選択して生きていくことを目標にします。そして治療者や家族、周囲の人は、患者さんが自身にとっての夢や希望をもち、主体的に生きられるように支えます。当事者の回復のプロセスを旅路に例えると、パーソナルリカバリーでは支援者は旅の同伴者として支援します。

アートセラピーでは、リカバリーの三つの側面のバランスを考えながら治療を行っています。例えば、デイケアに参加して間もない方がアートセラピーに参加する場合、最初は臨床的リカバリーを目標にします。デイケアに通所し、デイケアの活動や人間関係に慣れ、安定した生活を送り、社会生活に適応できるように心理教育を受けることなどが目標になります。

グループの中で無理のない形で自己表現することに慣れてきたら、少しずつアート制作で自分の気持ちに触れて、グループで自分の気持ちや考えを話すことに自信をつけていきます。そしてアートセラピーのグループの中で安心できるようになったら、次のステップであるパーソナルリカバリーが中心課題になります。患者さん自身にとっての夢や希望とは何かを探索できる制作のテーマを取り入れ、自分らしい幸せな生活や社会生活に向けて歩めるようにサポートしていきます。

このようにアートセラピーでは臨床的リカバリーとパーソナルリカバリーという目標を大きな枠でもちながら、参加している患者さんたちの疾患や抱えている課題、人生のプロセスに応じて活動内容や制作テーマを考慮して行っています。

４．精神疾患に対するスティグマ

精神科で働き始めた当初は、精神科での経験がない自分が表現アートセラピーの専門家として十分に貢献できるか気がかりでした。前任のアートセラピストの先輩には、「専門知識は大切ですが、患者さんが求めているのは、大切な一人の人としての関わりです。先入観をもちすぎずに関わることが大切」と教えていただきました。その言葉を聞いた時には、その言葉の意味がよくわかりませんでしたが、今はよくわかります。

多くの人が精神疾患に対してスティグマ（精神疾患に対する差別や偏見）をもっていると言われています。医療従事者も自分で気づかないうちにもっているスティグマに気づくことが重要です。スティグマとは精神疾患を抱えている人への恐怖心や近寄り難い気持ち、回復しない病気だと決めつけてしまうことです。多くの方がスティグマをもち、精神疾患を抱える人に対して話したくない、近寄らないなど否定的な態度をとることで、精神疾患を抱える人は孤立しやすくなります。また精神疾患を抱えている患者さん自身も、病気に対してスティグマをもち、人と会うことを避け孤立し、ひきこもってしまうこともあります。

長い間、統合失調症を含む多くの精神疾患が治らない疾患として考えられていました。しかし現在は、回復までには個人差は大きいのですが、すべての精神疾患において回復は可能だと考えられています。治療者が「永遠に治らない疾患を抱えている患者さん」というスティグマを抱えて治療を行うのと、「患者さんが回復する」という希望をもって治療を行うのとでは効果に大きな違いが出ます。自分自身のスティグマに気づくためにも、最新の精神疾患の知識や幅広い治療法を学び続けることが重要です。またチームカンファレンスやスーパービジョンを通じて、自分が精神疾患や患者さんに抱いている感情や考えに意識を向けることも重要です。

Ⅲ　アートセラピーを行う際の理論的視点

私はアートセラピーを行う際に、人間性心理学の考えを中心に、精神分析、認知行動療法、集団療法など、幅広い心理療法の視点で見立てを行い、治療目的に応じた心理療法の技法を取り入れています。治療者としての理論基盤としては、カール・ロジャーズが提唱したパーソンセンタード・アプローチを大切にしています。パーソンセンタード・アプローチでは、人は本来の自分らしい自分なりたいという衝動があり、自己実現への潜在力をもっていると考えられています。ロジャーズは、心理的安全な環境を作るために、セラピストの態度として「クライエントを価値ある存在として受容する」、「外から評価のない環境を提供する」、「共感的理解」をあげています。パーソンセンタード表現アートセラピーではクライエントが主体的に自分の体験から気づきを得ることが尊重されているため、セラピストがクライエントの作品を分析解釈することはありません。私はクライエント自身が、作品のイメージから大切な意味を見出すことができると信じています。セラピストとして、安全な環境を作り、芸術活動を通してクライエントが自由に表現し、自己探求できるようにサポートしています。

多くの患者さんは、「安心して、あるがままの自分を表現できる場所」を求めて参加しています。アートセラピーのプログラムでは、自主性が大切にされていますが、自主性や自己表現に慣れていない患者さんや、管理された入院生活で情緒が不安定な患者さんにとって、慣れていない自己表現は逆に不安を高める可能性があります。患者さんの状態を見立てた上で、患者さんの表現内容や制作時間を適度に制限することもあります。

精神科で臨床を行う中で、精神分析の視点も重要と考えています。精神分析の考えでは患者さんが描いた絵は、制作した患者さんの無意識が映し出されている鏡だと考えます。それは患者さんの心や、患者さんとセラピストの関係性を客観的に理解するのに役立ちます。それはアートセラピーにおけるリスクを回避するためにも大切です。

アートセラピーという場で自由に感情表現を推奨されると、それまで抑えていた心の葛藤や感情を、患者さん自身も気づかないうちに表現しやすくなります。患者さんが、まだ受け止めることができないような感情に触れ、トラウマを思い出すきっかけになる場合もありますので、患者さんの表現する作品や表情、言葉などを通して、精神分析的視点で患者さんの心の状態を客観的に観察しながら関わることも重要と考えます。

精神分析的に考えれば、患者の作品には、グループセッションであれば、グループセッションに参加している患者さんたちやセラピスト、参加者との関係性が投影されている可能性もあります。共依存的な親や威圧的な上司などが、セラピストや他の参加者に投影されていることもあります。過去の重要な人物との関係性がセラピストに投影されることを転移と言い、愛情や依存欲求という陽性転移の場合もあれば、敵意や攻撃欲求などネガティブな感情が向けられる陰性転移の場合もあります。セラピストは、患者さんと信頼関係を築きながらも、転移やさまざまな感情に巻き込まれずに治療を進めていくことが肝要です。

グループの関係性に関しては、ヤーロムなどによる集団精神療法の視点も重要です（Vinogradov & Yalom, 1989）。グループセラピーは、社会の縮図となり、社会復帰に向けた教育的な場にもなります。また集団の関係性の中で起きやすいトラブルや不安を抱える患者さんであれば、グループセラピーは、患者さんが自分の課題に向き合う大切な機会にもなります。しかし集団に対する不安やストレスが強すぎる場合には、リスクにもなるので注意が必要です。

Ⅳ　グループ絵画療法の三形態

イギリスのアートセラピーの先駆者であるキャロライン・ケイスは、グループ絵画療法を「スタジオを基礎とした開かれた集団」、「分析的集団療法」、「主題中心のグループ」の三つタイプに分けて考えています（Case & Dalley, 1992）。私がグループのアートセラピーを行う時には、このアプローチを考慮しながらプログラムを作っているので、それぞれのタイプについて紹介します。

「スタジオを基礎とした開かれた集団」では、創作過程自体における治療を重視します。セラピストは、制作に関してテーマの提供、材料の指定、アドバイスもなく非指示的な立場をとります。参加者の自発性を重要視します。グループプロセスもグループ療法が目的ではないので、集団療法的視点での分析やファシリテーションを行いません。

「分析的集団療法」は、言語的集団療法からの影響を受けています。毎週のセッションの中で集団から生じてくる無意識的な主題による働きを重視します。そのためセラピストはセッションの制作テーマを与えません。セラピストは、患者の個人の創作過程、画材の選択、作品のイメージを見ると共に、集団のグループダイナミクス、集団内の転移、逆転移を分析・解釈を行い、治療的意味を見出しながら治療を支えます。集団療法としての効果も期待できます。

「主題中心のグループ」は、エンカウンターグループの影響で発展してきたと述べられています。グループの特別な問題やテーマをセラピストが提示して制作活動を行います。初めて参加する不安なクライエントにとっては、制作に主題があることで制作の方向性が明確になり、不安が軽減されます。また主題があることで、制作の目的や構造が明確化されクライエントの安心感を高めます。主題は、セラピストが提供するか、参加者との話し合いで決めてから制作します。また素材もセラピストが決めます。

日本の精神科アートセラピーのパイオニアでもある関則雄氏は、精神科の集団絵画療法に向いているのは、テーマ中心のグループ形式であると述べています（関、二〇一六）。精神科病棟のグループアートセラピーの参加者が短期間で変わることを考慮すると、短期間で行うセッションにおいて制作テーマがあることで、治療が安全な構造になると考えられます。また自我レベルの低い患者さんや情緒不安を抱える患者さんの課題に合わせたテーマを提供することで、患者さんに安心感を与える働きもあり、テーマでの制作の利点として述べられています。

私が精神科で表現アートセラピーを行う時には、「主題中心のグループ」と「創作中心のグループ」を使い分けています。創作中心のグループでは、制作を楽しむことが中心になり、主題中心のグループでは、生活の中の目標を見つけたり、心の中を内省し、探求する要素が加わります。

Ⅴ　精神科におけるアートセラピーのセッションの実際

1．病棟に共通する枠組み

まずは精神科病院におけるさまざまな病棟に共通する枠組みやガイドライン、画材などについて述べます。その後対象別の注意などを述べていきます。病棟は、慢性期、急性期、ストレスケア、の三つです。その他にデイケアのプログラムがあります。私が担当してきたのは、慢性期・急性期のグループ、ストレスケアのグループ、デイケアのグループです。

【アートセラピーの対象者】

統合失調症、うつ病、双極性障害、摂食障害、てんかん、パニック障害、思春期うつ、ＰＴＳＤ、パーソナリティ障害、摂食障害、発達障害などの方。

【プログラムの詳細】

時間：一時間半～二時間

参加者の人数：五～十五人くらい

スタッフ：表現アートセラピスト＋作業療法士および心理士（一～三人）

部屋：作業療法のリハビリテーションの部屋（洗面所、画材・道具棚がある）、部屋はプライバシーがあり、自己表現がしやすい空間

【使用する画材】

アートセラピーの材料：主にビジュアルアート用の画材、工作や手芸の材料

描く素材：色鉛筆、鉛筆、マーカー、カラーペン、クレヨン、チョークパステル、オイルパステル

絵の具：水彩絵の具、アクリル絵の具、絵の具用パレット、水入れ、墨汁

筆：水彩用、ボンド用

のり類：ボンド、のり（スティックと液状）、グルーガン

テープ：両面テープ、ビニールテープ、マスキングテープ、柄テープ

ヒモ類：毛糸、麻ひも、糸、テグス、

紙類：白画用紙、色画用紙、折り紙、厚紙、色紙の切れ端、お花紙、模造紙

粘土：紙粘土、粘土、軽い粘土

コラージュ用：雑誌、色紙切れ端、包装用紙

自然系：木片、枝、石、木のブロック

その他：発泡スチロール、箱、布類、フェルト、ボタン

特別な時：空きビン、写生用草花、タイル

道具：ハサミ、カッター、定規、ホチキス

2．アートセラピーのセッションの目的とガイドライン

目的とガイドラインは、プログラムに入るスタッフと共有します。また患者さんにも伝え、共有します。

【目的】

①個人を尊重する、グループサポート

参加者はさまざまな病気や課題をもっています。一人一人の参加目的やペースを大切にしています。例えば「作品を作ることを楽しみに参加する方」、「対人関係の不安を減らすために参加する方」、「情緒のコントロールや気晴らしを目的にする方」、「生活リズムの安定化を目的に参加する方」などです。そしてグループでの制作活動やそこでの対話により治療効果があります。

②制作を楽しむ

作品を上手に作ることを目的にしていません。この時間は、一人一人が、安心して自由に自己表現しながら制作を楽しむこと、参加者にとって有意義な時を過ごせることを大切にしています。

③気分転換、リフレッシュ

ネガティブなことを考えて不安になる人にとっては、ここに来て制作し、集中することで落ち着いた時間をもつことができます。いろいろな気持ちをため込んでいる人は、適度に自分の気持ちを表現することで、気分転換や発散にもなります。そのような活動は、情緒の安定やコントロールへの効果があるとの研究報告もあります。

④自己理解や発見

作品の制作過程中にさまざまな気持ちが湧いてくることや、出来上がった作品を眺めているとさまざまなイメージが連想されることがあります。制作を通じて気づいていなかった気持ちに気づくことや、問題解決のヒントが見つかることもあります。ただし他の人の作品を見て思いついたイメージや、唐突に思いついたことを作者に突然言うと、言われた方は不快になることもあるので、他の参加者の作品やイメージへの発言には注意しましょう。

【ガイドライン】

①心と体に意識を向ける

参加しながら心身の状態に意識を向けることが大切です。制作に集中しすぎて後で疲れる人もいるので、時々休みましょう。また制作することが負担になったり、調子が悪くて退出したい時には気軽にスタッフに声をかけてください。

②お互いの個人的な表現や話したことを尊重する

自分が話したいことを安心して話せる、表現できる場にしたいと考えています。ここで他の人が話したことや表現されたことは、個人情報を考慮し、外では話さないでください。

3．セッションを始める前に

治療の目標と情報収集

アートセラピーのプログラムを受ける患者さんは、主治医から治療としてアートセラピーが処方されます。多くの場合はデイケアのプログラムや作業療法という大枠で処方があり、ＳＳＴや作業療法、音楽療法などの治療の一つとしてアートセラピーを行います。そのため、主治医による患者の見立てや治療方針に準じてアートセラピーを行います。入院患者であれば、看護師による病棟での治療や病院生活の目標、作業療法の一環であれば、リハビリテーションとしての目標、デイケアであれば社会生活や仕事に向けた目標があるので、治療の方向性を把握することが重要です。その上で治療チームの一員として、アートセラピーの特長を生かして治療目標と治療プランをもつことが必要です。

効果的な治療のためには、患者さんが参加に何らかの意義を感じ継続して参加できることが大切です。そのためには、患者さんへ治療の目的と治療効果を十分に伝えることが肝要です。表現アートセラピーのプログラムに参加する人の多くは、初めての体験で不安感を抱えている方が少なくありません。アートセラピーの時間に本人が満足するように作れないことが続くと、自己肯定感を下げるリスクや、他の人と比べて上手にできないことでコンプレックスが刺激されるというリスクにもつながります。制作中にも個別のサポートが必要かを判断して、適度なサポートの介入も行います。多くの参加者が意義を感じるテーマや興味がもてる材料を用いる表現活動を計画します。

初めて参加する患者さんがいる場合には、十分な情報を得る必要があります。精神状態に加え、表現アートセラピーのセッションに参加するモチベーションやアートや制作への苦手意識、参加目的など可能な限り確認します。少しでも多く患者さんについて知っておくことが大切です。毎回のセッションの前に最近の患者さんの状態把握をします。患者さんの病状を含めた最近の様子をスタッフから聞いたり、カルテから把握します。

セッションの前に、一緒にセッションを行う作業療法士スタッフと打ち合わせを行います。治療目的の共有やリスクの確認をして、セッションを準備します。参加者の技術的レベルや興味なども考えて、参加者に適度なチャレンジがあり、難しすぎないようにします。

患者さんを迎える

セッションを始める時に、病棟によってさまざまな形で患者さんたちがセッションをする場所に集まります。デイケアであれば、デイケアの朝の会でアートセラピーのセッションを行う場所や内容を案内します。慢性期病棟で高齢者が多い場合などは、迎えに行って車椅子を押しながら一緒にセッションを行う部屋へ案内することもあります。さまざまな形で患者さんは、セッションを行う場所に集合します。そして、患者さんと顔を合わせて挨拶するところから、交流は始まっています。

いろいろな表情、声のトーン、交わされる会話や挨拶によって、患者さんの心身の状態を知る手掛かりがたくさんあります。また、「今日は何をするのですか?」と当日のセッションの内容を楽しみに尋ねてくる方もいる一方、不機嫌そうな表情の方もいます。セラピストが声をかけ、自然に会話することで安心して話せる場を作る手助けをします。権威的にならず、一人の人として対等に話せる場を作ることを私は心がけています。

4．アートセラピーのセッションの流れ

一般的なセッションの流れは表1のようになります。

表1　一般的なセッションの流れ

①セッションの目標・ガイドラインの説明
②体ほぐし
③チェックイン
④ウォームアップ
⑤制作の説明
⑥制作
⑦片づけ
⑧シェアリング

一例としてデイケアでのアートセラピーの流れを表2に示しました。

①セッションの目標・ガイドラインの説明

アートセラピーの目的と内容、ガイドラインの説明は、多くの場合は前もってスタッフが行っています。それに加えて、初めての参加者がいる場合や、改めて必要な場合は、セッションの中で説明します。

②からだほぐし

グループでは、まずからだほぐしから始めます。一人一人順番に、いま体のほぐしたいところをほぐす動きをして、みんなに見せてもらいます。その動きを参加者は見て真似をしながら、同じようにからだをほぐしていきます。一〇人くらいであれば、一人ずつ全員に順番でからだほぐしをリードしていただき、それ以上の人数であれば、半分くらいの方に動いてもらい時間を調節します。リードし

表2　デイケアのアートセラピーの流れ

10：00 ～10：15	・デイケアルームでデイケアの朝会でプログラムの制作内容の案内 ・参加希望者が、参加用の用紙に名前を書く ・必要な画材を持って、利用者さんとスタッフが一緒に制作の部屋に移動
10：20	・お互いの顔が見えるように座り、体ほぐし ・初めて参加する患者さんがいれば、アートセラピーの目的とガイドラインの案内 ・チェックイン（心身の調子や近況を話す） ・ウォームアップ（必要に応じてコミュニケーションのゲームなど）
10：35	・制作の説明 ・制作 ・使った材料などを整理
11：35	・シェアリング ・終了
11：45	・スタッフによる材料の片づけや消毒 ・スタッフミーティング後、カルテへ評価・記録の記載
12：10	終了

ない選択があることも伝えます。

グループでからだほぐしをすることの目的は、「からだをほぐしながら、参加者が自身のからだに意識を向けること」と「それぞれ違う動きをすることで、現実的に自他のからだの境界を明確にすること」です。

③チェックイン

チェックインとは、グループの参加者が「気分」、「体調」、「今気になっていること」や「みんなに話したい自分の最近の出来事」などについて話す時間です。グループでお互いの思いや調子について語り合うことで、お互いの様子がわかり、サポートグループとしての安心感や共感の基礎を作ります。またセラピストにとっては、患者さんの病状や最近の様子を知る大切な情報にもなります。

「最近の体調や気分を教えてください。それから、最近あった出来事や感じたことで、ここにいる皆さんに話したいことがあれば話してください。一分間くらいでお願いします」と伝えて、話したくない人はパスできることも伝えます。また、初参加の方への配慮、心身の状態に応じて簡単に調子を話してもらうことが必要です。

④ウォームアップ：簡単なゲームや歌、踊り

山手線ゲームやたけのこニョッキなど簡単なゲームを行ったり、ギターを伴奏にして歌を一緒に歌ったり、季節を感じられる曲を流して踊る等、対象者に応じて行います。一緒にゲームや音楽活動をすることは、グループでリラックスしながら自己表現をすることを助けます。

⑤・⑥制作の説明と制作

制作の説明をしてから制作を行います。「主題を中心にした制作」の時と、「創作を中心にした制作」の時があります。制作は、四五分間から一時間くらいが目安です。グループによっては、中休みを五〜一〇分間とる場合もあります。

⑦片づけ

患者さんの心身の状態に応じて可能な範囲で片づけを行います。片づけをすることは、制作を終え、気持ちを切り替えていく助けになります。

⑧シェアリング

シェアリングでは、患者さんたちが制作の過程や作品を通じて感じたことや考えを話すことができます。シェアリングで気持ちや考えを語ることで、感情の整理、自己理解、抱えている困難への解決の手掛かりを見つける助けになります。またシェアリングで語ることで、他の患者さんに気持ちや感情を受容してもらい、他の患者さんとのつながりを感じる体験にもなります。

初めての参加者がいる場合や、対人関係に不安感が高い人が参加している場合には、シェアリングは言いっぱ

なしで、一人ずつ話す形で終わります。患者さん同士のフィードバックなどが有益だと思われる時には、患者さん同士で作品に対して感じたことや作品から連想されるイメージを話す機会をもちます。

セッションの後は、車椅子などで補助が必要な患者さんは部屋まで送りますが、自立して戻れる患者さんはそれぞれの部屋に戻ります。セッションが終わってから、グループで話せなかった話をスタッフに話して帰る患者さんもいます。また参加して間もない患者さんや、プログラム中の表情や作品で気になる患者さんがいる場合は、セラピストから患者さんに声をかけて少し話す時間をもつこともあります。プログラム中に患者さんの状態で気になることやリスクが考えられる場合は、早めに病棟のスタッフと情報共有を行います。

患者さんたちが退室された後は、プログラムで利用した道具を片づけ、各患者さんのカルテに治療評価の記載と活動の様子を書きます。

そして、一緒にプログラムを行ったスタッフとミーティングを行い、各患者さんで気になったことや、プログラムの進行について振り返りのミーティングをもちます。また、次回のセッションの計画は、今回の患者さんの様子に応じてセラピストとスタッフで治療プランを計画します。制作の内容を計画する時には、患者さんの病状や体調に加え、次のことを考慮します。

- 能力や状態に応じて無理なく取り組める制作内容
- 制作の能力に必要な材料、手順、説明方法
- 取り組んでいる課題に関係するテーマ
- 患者さんが興味をもち、意欲的取り組める制作内容
- 個人制作か、グループ制作にするか

Ⅵ　病棟に応じたアートセラピーの形態・目標・注意点

ここでは病棟に応じた主な疾患名、アートセラピーの形態、目標、注意する点について、説明します。

１．慢性期病棟

【疾患】統合失調症の方が多い。心身症、気分障害（うつ病、双極性障害）、不安障害（パニック障害、強迫性障害、適応障害）、発達障害、摂食障害、依存症

【形態】セミクローズドグループ（五〜十二人くらいの参加。セミクローズドグループは、ほぼ同じメンバーで行うグループ）

【目標】ＱＯＬの向上、症状の安定、心身のリハビリテーション、リクリエーション

【アートセラピーの目標・注意点】

慢性期病棟には長年入院している患者さんたちも多くいます。毎回の活動を楽しみに高い意欲で参加する患者さんがいる一方、生活のマンネリ化や退院後の先行きが見えないことで意欲の低下している患者さんも参加します。治療の先行きや社会復帰に後ろ向きになっている場合もあるので、それぞれの患者さんの気持ちを受け止めながら回復に向けてサポートします。また慢性期病棟には高齢者も多く、認知機能が低下した方も多いです。加齢による生活習慣病の予防、心身のリハビリテーション、ＱＯＬを高めるという治療要素もあります。

高齢の患者さんは作品の出来上がりを気にされる方も多く、見栄えのよい完成品ができるように準備することも必要です。また能力差や意欲の高さも、患者さんによって大きく異なります。患者さんの能力や意欲、個性を

考慮することが大切です。また参加する患者さんは、治療効果を求めている人もいますが、制作することを楽しみにしている方やスタッフと語り合うことを求めて参加者する方もいます。

繰り返しになりますが、身体能力に障害があり車椅子で参加する方、記憶障害、認知機能の障害を抱えている方もいるので、制作の説明や作業内容も、能力や障害に応じて準備する必要があります。また実際に制作する時に難しいところを適度にサポートすることも重要です。患者さんのもつ強みや大切な個性を発見して、患者さんのもつトータルな力を最大限に生かせるように配慮します。

2．急性期病棟

【疾患】統合失調症の方が多い。気分障害（うつ病、双極性障害）、不安障害（パニック障害、強迫性障害、適応障害）、発達障害、摂食障害、依存症

【形態】セミクローズドグループ（五～十二人くらいの参加）

【目標】急性症状の鎮静、精神の安定化、短期治療、社会復帰、職場復帰

【アートセラピーの目標・注意点】

精神症状が悪化している急性期では、安全な環境で集中した治療を必要として入院しています。急性症状の鎮静を優先し、刺激を少なくしてストレスを軽減させ、適度な休息をとることが重要です。患者さんの状態を理解し、治療的なアセスメントを行った上で、適切な治療を行います。

ある程度、急性症状が落ち着き、グループの中で表現活動が可能で表現アートセラピーの治療的効果が期待できる患者さんの場合に医師から参加が処方されます。しかしプログラム中に妄想や幻覚が強くなる、まとまりのない発語が始まる、興奮が高まって情緒が不安になる場合もあります。心身の状態が大きく変化することもある

ので、ていねいに見守りながら、不安定な時には落ち着いて過ごせるように注意して関わります。必要な時には、制作を中断して休息をとることを勧めます。それぞれの患者さんが個別に抱えている問題、症状、感情を刺激しないように、制作のテーマやプログラムの内容を準備する必要があります。また自発性の低下や感情鈍麻などの症状が強い時には、症状の様子を見ながら症状の改善ができるように、適度な声かけや制作のサポートを行います。退院や転院、社会復帰などの先行きが見えてきた時には、その目標に向けてサポートを行います。

３．ストレスケア病棟

【疾患】気分障害（うつ病、双極性障害）、不安障害（パニック障害、強迫性障害、適応障害）、発達障害、摂食障害、依存症などで数カ月の入院

【形態】セミクローズドグループ（二～八人くらいの参加）

【目標】早期社会復帰、症状の安定

【アートセラピーの目標・注意点】

ストレスケア病棟では、家族や職場、学校などの日常から離れて、患者さんたちが安心できる環境の中で、まずは休息をとりつつ生活リズムを整えながら生活をします。アートセラピーのプログラムには、職場での人間関係のトラブルを抱えている人、家族の問題を抱えている人、希死念慮や自傷行為などに苦しむ人、親族を亡くして喪失感を抱えている人など、さまざまな患者さんがいます。ある程度症状が落ち着いてきてからプログラムに参加されます。それぞれの患者さんの状態を「休息期」「回復期」「退院準備期」の三期に分けてプログラムを考えています。

参加して間もない時には、特に患者さん安心して過ごせるように、リラックスして制作活動やコミュニケー

ションが行えるようにサポートします。人と会うことが不安な方や、慣れない活動に参加することが苦手な方もいるので、ゆったりした雰囲気の中で安心感をもちながら定期的に参加できるようにサポートします。そして定期的に参加してプログラムの活動や人間関係に慣れてから、だんだんと自分の感情を表現する機会を増やしていきます。アート表現を通して感情表現をする中で、気分の状態を把握し、新しい視点を得て、（気分を？）コントロールすることを学べます。そして退院の準備期には、社会生活の復帰や家族との生活に戻ることなども視野に入れてサポートします。

制作のテーマやプログラム中の人間関係が、強いストレスのきっかけとなる場合もあるので、患者さんの病状や問題をアップデートして把握するようにします。また治療への意欲が高い方も多いので、患者さんが理解できるように治療目的を説明し、治療意義が感じられる内容のプログラムを計画して行うことが大切です。

4. デイケア（通所）

【疾患】統合失調症、気分障害（うつ病、双極性障害）、気分障害（うつ病、双極性障害）、不安障害（パニック障害、強迫性障害、適応障害）、発達障害、摂食障害、依存症

【形態】オープン（五～十人位の参加。オープングループとは、誰でも参加できるグループ）

【目標】社会復帰、日常生活への自立、よりよい生活

【アートセラピーでの目標・注意点】

地域で精神障害を抱えている方々が、よりよい生活を送っていくことができるように支援を受けながら過ごす場所がデイケアです。精神障害を抱える方には、ひきこもりがちになり、人と会ったり、いろいろな体験をする機会が少なくなる傾向があります。また、陰性症状や社会的な疎外感をもっているために、回復に向けて主体的

に生きる意欲が低下している場合や、社会復帰への希望を失っていることもあります。デイケアでは、患者さんがさまざまな体験ができるように多様なプログラムが行われています。音楽療法、料理、畑作業、喫茶の運営活動、アロマセラピー、ウォーキング、ガーデニング、クラフト、カラオケ、ＳＳＴなど多くのプログラムがあり、その一つとしてアートセラピーがあります。

デイケアに通う最初の段階では生活リズムを整え、定期的にデイケアに参加できるようにサポートします。デイケアでのプログラムや人間関係を通じて、安心感を高め、感情表現を少しずつできる機会をもちます。患者さんたちとの交流やプログラムを楽しみ、安心して通所が行えるようになれたら、アートセラピーで適度なチャレンジをして集中力や自信を回復できるようにサポートします。またグループの中での制作活動中の会話や作品のシェアリングなどを通じて、互いの考えや気持ちを言葉で伝え、相手の言葉を傾聴することがコミュニケーションの訓練にもなります。

少しずつ、今後の生き方や自分の夢や希望についてイメージし、自立した生活に向けて心の準備ができるような制作のテーマを取り入れてサポートします。就労支援を受けながら、社会復帰を視野に入れたデイケア通所の中でアートセラピーに参加されている方もいるので、具体的に社会復帰などに向けたテーマを提供することもあります。また患者さんの自主性を高めるために、患者さんが希望する活動を聞き、意向を取り入れながらプログラムを行っています。活動の自由度も高いので、病院の中庭で写生を行う、里山を散歩しながら俳句を作る、デイケアで収穫した野菜を写生する、音楽を聴きながらからだを動かして制作するなど、さまざまな活動を行っています。

東京精神科病院協会で行う「心のアート展」や市の展覧会、病院内の展示に向けての制作活動もあります。年間を通じて、常にデイケアで作った作品は、患者さんの希望があれば院内のロビーや廊下に展示します。社会的に疎外感を感じやすい立場の患者さんにとっては、自分の作品を展示することで社会とのつながりをもち、自己肯定感を高める機会にもなります。展示することで、作品を見たスタッフや患者さんたちからの温かいフィードバックを得る機会もあります。

Ⅶ　精神科病院でのアートセラピーで行うセッションの方法、テーマや内容

セッションのテーマと内容

前述したようにセッションには、主題中心のものと創作中心のものとがあり、創作中心のグループでは、制作を楽しむことが中心になり、主題中心のグループでは、生活の中の目標を作る、心の中を内省する、探求する要素が加わります。どのグループにおいても、両方のエクササイズを用います（表3）。ただし主題中心のエクササイズは、心に触れるので注意が必要です。

ふだん行っているセッション例：個人制作

ふだん行っているセッションは、テーマや制作にそれぞれが取り組む個人制作です。表4に「この一カ月にしたいことのイメージ」というテーマで行うセッションの具体的な例を挙げました。このセッションは、月に一回ずつ行っています。どんな風にこれからの一カ月を過ごしたいか、目標やイメージをもってもらうためのものです。

表3　エクササイズのテーマ

主題中心のエクササイズ	創作表現中心のエクササイズ
・「この1カ月にしたいことのイメージ」	・葉っぱスタンプ
・「願い事を叶えてくれる魔法」の杖づくり	・大きなパズル画
・「自分が癒される場所」を描く	・コラージュ
・「これまでの私、これからの私」をコラージュ	・俳句散歩
・「外側から見た自分、内側の自分」箱を装飾	・紙粘土で自由制作
・「私が住みたい島、家」グループ制作	・自然の中で写生会
・「いま行きたいところ」を描く	

具体的なセッション例：グループ制作

グループ制作は、グループとして共同作業を行います。人と関わりながら制作するので楽しむ方が多いです。グループ活動にはゲームやスポーツなどもありますが、アートセラピーのグループ制作の特徴は、アート製作で自己表現をしながら、非言語的コミュニケーションが行われる点です。言葉にできないような自分の気持ちや考えを伝え合う貴重な場にもなります。また言葉でのコミュニケーションが苦手な人にとっても、大事な交流の場になります。

グループ制作はグループ心理療法の中の一つの形態です。グループ制作にはいろいろな目的があります。クライエントが安全な場で良好な対人関係をもつことで、対人関係の成功体験が得られることを私は重視しています。

グループ制作にもいろいろな形態があります。例えば、グループ制作で小グループに分かれてお互いに話し合ってテーマや素材を決めて、ともに一つの作品を作っていくこともあります。するとかなり密接に関わることになります。お互いが密接に関わり、同じスペースで制作をする場合は、境界がはっきりしないために関係性の問題も起こりえます。

セラピストが、テーマも素材も決めて、個別にクライエントが制作をして最後につなぎ合わせるような形の場合は、最後につなぎ合わせる場面で意見交換があるくらいで問題は起こりにくいです。対人関係のトラブルは起きにくいのですが、人と関わりが少ない分、関係性から得る内省や学び、凝縮性は減ります。対象のグループによって、どんな形式にするかを決めていきます。

グループ制作では、お互いのコミュニケーションをとりながら、お互いの気持ちや考えを、言葉やアート表現を通して伝え合うことが前提となります。グループ制作の例は表5を参照ください。

グループ制作の難しさやリスク

新しいクライエントが参加する際には、そのクライエントが人との関わりが苦手だったり、一人での制作を期待しての参加だったりする場合を考え、一人でできる制作の材料やテーマを準備しておくことも大切です。

グループ制作は対人関係の治療、教育的な場になりますが、対人関係が苦手な人にとって、協働作業で不安や緊張が高まることがあります。過度なストレスは参加を止めてしまう原因にもなるので注意が必要です。セラピストは、クライエントの対人関係のスキル、気分、緊張などの様子を見ながら進め、場合によっては介入が必要です。

表 4　ふだんのセッション（定期的に行っているテーマ）の例

この 1 カ月にしたいことのイメージ	
制作分類	コラージュ
出来上がりイメージ	これから 1 カ月間にしたいことなどをイメージの写真を貼るコラージュ作品です。具体的なテーマとしては、食事、行きたい場所、治療や症状緩和、ファッション、人間関係、家族関係、余暇の過ごし方、仕事、生活、リフレッシュ、旅行などです。 出来上がった後に、持ち帰り貼られる方も多いです。
対　象	雑誌でイメージを探しながら切り、貼るというシンプルな作業は、初めての人にも、制作が苦手な人にも取り組みやすく人気のある制作です。またこれから 1 カ月間の生活目標を前向きにイメージできるので定期的に行っています。テーマの幅も参加者に応じて変えやすいです。
材　料 道　具	雑誌（なるべくいろいろなテーマの雑誌があるとよい） ハサミ、のり 色画用紙（各自が使いたい色を選ぶ）・八つ切りサイズ クレヨン、色鉛筆 下敷き用の新聞やシート
場所の設定	参加者の手が届くところに雑誌を置きます。雑誌は、1 人 5 〜 10 冊位用意します。 各自に下敷きになる新聞やシート、ハサミ、のりを用意します。
制作方法説明	コラージュをした経験の有無を確認します。そして、コラージュが初めての人にはコラージュの説明をします。 説明：「今日は、雑誌が用意してあります。この雑誌のさまざまな写真を見ながら、これから 1 カ月間の生活の中で、どのように過ごしたいか、何をしたいのか考える時間をもちます。例えば、この 1 カ月間の中で運動を取り入れたいという人は、雑誌の中で運動をしている人の写真を見つけて貼ることができます。ただ、そのとおりの写真がない場合は、似たようなイメージの写真でよいです。また写真が見つからない場合や描きたい人は、用意したクレヨンや色鉛筆でシンプルに色や形、またはイラストや絵を描いてください」

表4　ふだんのセッション（定期的に行っているテーマ）の例（続き）

	追加の説明で単一のテーマではなくて、「食事、行きたい場所、治療や症状緩和、ファッション、人間関係、家族関係、余暇の過ごし方、仕事、生活、リフレッシュ、旅行」などから、３つ位のテーマを入れましょう」と説明します。
期待される効果・目的	・毎月、イメージを使って、どのように１カ月を過ごしたいか考える時間がもてます。 ・実際に部屋に貼ることで、その月に大切にしたいことのリマインダーになります。例えば、「人が歩いている」写真を貼り、日々の生活で散歩を行うことを思い出すことができます。
注意点	・目標を考えることが難しい時もあるので、そのような場合は、スタッフが一緒に考えます。 ・クライエントが目標を考えることを望まない場合や、自由に制作をしたい場合、別のテーマがよい場合もあります。クライエントの希望を大切にしています。 ・手のハンディがある方や、ハサミの利用が難しい場合などは補助が必要です。 ・初めての参加の場合は、目標を考えること自体が負担な場合もあるので、「興味がある写真、気に入った写真」を貼ることを提案することも多いです。
発　展	・画用紙の左半分に、「最近の私の生活」をイメージした写真を貼り、右半分に「私が望む、これから１カ月間の生活」というタイトルで制作することもあります。日々の生活の振り返りと今後の目標をもつという明確なテーマなため、多くの人が目的を理解し、有意義に取り組める内容です。しかし、最近の生活で思い出すのも辛い体験がある可能性がある方がいる場合などは、避けた方がよいテーマです。

表５　グループ制作の例

四季折々に変化する木	
制作分類	壁　画
出来上がりのイメージ	大きな木の幹と枝を制作して壁に飾ります。それから季節に応じて、葉や花を制作してデコレーションしていきます（生き物や景色なども追加できます）。 春は桜などの花の咲いた大木（たけのこ、蝶、鳥）、夏は豊かに葉が茂る木（草花、カブトムシ、鳥）、秋はさまざまな実のなる木（落ち葉、ミノムシ、トンボ）、紅葉の木、ハロウィン、冬は雪の結晶、梅（クリスマス、正月のイメージなど）。 ２ｍ×４ｍほどの大きさの作品をグループで制作します。多くの方に人気の制作です。「みんなで作れて楽しい」という声が多いです。一緒に考え、作業しながら大きな作品を作っていくのは、チャレンジも多いのですが、作品が出来上がっていく達成感を得ることができます。また、病院のロビーや廊下に飾られた作品に対してスタッフや患者から「木を見るのが楽しみ」「明るい気持ちになる」「いろんな葉っぱや生き物がいて、面白い」などたくさんの温かいフィードバックもあります。
対　象	木を制作する時は、３回継続して制作します。制作期間はグループの凝縮性が強いので、初めての参加で人との関わりに不安感が強い方には向かない可能性があります。 技術的にも難しさは少なく、制作テーマも多くの人が意義を感じられると思います。
材料道具	段ボール、模造紙、画用紙 アクリル絵の具、筆、ボンド、ハサミ、カッター、段ボールを切るために先が適度に尖ったドライバー ゴム手袋、エプロン
場所の設定	段ボールを切る、アクリル絵の具で色をつけるなどの作業があります。そのため、テーブルや床で作業ができるように臨機応変に制作環境を作る必要があります。また、大きな作品なので作品を保存するスペースも必要です。
制作方法説明	**【１回目】**桜のように広葉樹で横に枝が広がる木を作ります。まず段ボール紙を幹や枝に使えるように大まかに切ります（形がわからない場合は、スタッフが前もってペンで形を描いてから切りましょう）。段ボールを切るのは、先が尖っているドライバーなどで十分です。

表5　グループ制作の例（続き）

	【2回目】床にスペースを作り、幹、枝、根っこの順で組み合わせていきます。木の高さは、飾る場所など環境に応じますが、1メートル80センチくらいの高さの木を制作することが多いです。切った枝や幹用の部品を参加者全員で組み立てていきます。そして、みんなで話し合いながら組み直していきます。次に2人組くらいに分かれ、ボンドで枝や木をつけます。 【3回目】アクリル絵の具で色を塗ります。親指大に丸めた布や手拭きタオルなどに絵の具をつけ、ポンポンと叩いて塗ります。3～4色の色を使って塗ると自然な感じになります。また、後日ニスや薄めたボンドで上塗りします。 【制作後】乾いたら、壁に貼ります。大きく重さがある場合は、天井から糸を垂らし、壁にしっかり粘着するように板を張った上で接着するなどの工夫が必要です。 1年を通じて季節に応じて木をデコレーションする葉、花、生き物、季節のイベントをテーマに制作して貼ります。
期待される効果・目的	グループの中で制作を通じて言語、非言語の自己表現をしながら自己理解、他者理解を深めます。 グループの凝縮性が高まり、信頼感が高まります。 大きな作品をグループで作ることで、グループ制作での成功体験、個人としての自己肯定感にもつながります。
注意点	初めての参加者や、今回の制作が向いていない参加者には他にできるワークと場所を確保しましょう。そして、スタッフが十分に対応できる状態にしておきます。 技術の差があるので、それに応じて準備やスタッフの介入が必要です。 大きな作品制作では、画材で服を汚す、段ボールを切る際に怪我をするなどがないように準備が必要です。
発　展	グループで、制作したい絵のイメージを各自で描き、そこからグループで選んだイメージを制作することもできます。例えば「富士が見える桜並木」や「虹のかかった空」などがあります。

Column
コラム

芸術に導かれて

濱中寛之

私は二十歳の時に臨床心理学を学ぶためにアメリカへ留学しました。その理由はいくつかあります。ひとつは、自分をもっと知りたい、そして自分らしく生きたいという思いが強かったからです。それから自分の心の傷を癒したいという気持ちがあったからです。自分の問題がある程度整理できた上で、臨床家になり心理的な問題を抱えている人へのサポートや心理的成長に関わる仕事ができればと考えていました。

アメリカに留学して英語を学んだ後、二年間はカリフォルニア州のカブリロ大学で学びました。また、多くのアーティストが住むサンタクルーズでは地域のイベントや集いも多く、ダンスや音楽を通していろいろな人と出会い、貴重な体験ができました。

留学生活は、当初に想像していた以上に大変でした。英語が苦手だった私は、十分に自分の考えや気持ちを伝えられず、思うようにコミュニケーションができないことが本当にストレスでした。十分に英語ができなければ、大学では簡単には友人ができず、日本では経験しなかった孤独に苦しみました。また大学は課題が多い上に、英語という壁があり、ストレスになり精神的に追い詰められたこともありました。

その苦しみや孤独感があったからこそ、私にとって、ダンスや音楽、アート、からだを通して人と交流できる時間は、とても貴重でした。言葉では十分に意思が通じない学生生活で、自分の気持ちを少しでも理解してもらえることの大切さ、自分を受け入れてもらい、人と交流することが、私が生きていく上でどれだけ重要なのかを実感しました。カブリロ大学では、教養科目以外に自由に選択授業を受けることができました。私はからだや音楽を通しての自己表現、自己探求を求めてヨガやモダンダンス、音楽の授業も受講しました。ここで学んだことは、現在、表現アートセラピーやカウンセリングの臨床を行う際に、とても役に立っています。

アートセラピーとの出会い

最初にアートセラピーと出会ったのは、カリフォルニアにあるエサレン研究所です。ここでは世界中からセラピストやアーティスト、ミュージシャン、心理学者、さまざまな分野のスペシャリストが自己探求、自己実現、癒し、エコロジー等をテーマにワークショップを行っていました。研究所の、住み込みで働きながら学ぶワークスタディという制度を利用し、二カ月間の滞在の中で、一カ月間はグループアートセラピーのセッションを受けました

一カ月間、北欧、ヨーロッパやアメリカ各地から集まった十数名の老若男女のグループで、さまざまなアートや音楽、ダンスを使ったセッションを受けました。多くの人は、自己探求や癒しを求めて参加していました。私にとって特に印象的だったセッションは、三週間かけて「私が、いま感じていることを描く」というテーマで、大きな画用紙を壁に貼って、アクリル画材で創作した体験です。最初は、とても簡単に取り組めるテーマだと思っていたのですが、だんだんと「いま、ここで私が感じている」ことがよくわからなくなってしまい、行き詰まってしまいました。しかしグループセッションの中で、私に起きている葛藤について話し、受け止められていることが感じられると、私の中で変化が現れました。素晴らしい作品を作らなければならないと気負っていた思いが薄れ、子どもの頃のように遊び心が湧いて描くことが楽しくなってきたのです。

そして最終的には何かを意図して描こうとしていないのに、生き生きとした姿のクジラを描いていました。絵に描かれた、クジラのイメージがもつ深い存在感、純粋にキラキラ光る眼、生き生きとした表情、それが私自身の中から湧いてきたことが不思議でした。セッションでは、制作した絵のイメージと対話する時間をもちました。クジラは私に「もっと、生きることを楽しんで」と優しく伝えてくれているように感じました。この一カ月のアートセラピーの体験は、私にとってアートセラピーが素晴らしい自己探求や自分を癒す方法であることを教えてくれました。

大学で表現アートセラピーを学ぶ

大学三年目からは、人間性心理学やコンテンポラリーダンスを学ぶため、カリフォルニア州立大学ソノマ校（ＳＳＵ）に編入して心理学を専攻しました。ＳＳＵではリベラルアーツを重視し、少人数教育が行われていました。ＳＳＵの心理学部では人間性心理学の考えを大切にしており、授業でも学生が尊重されていました。教授と学生がともに授業を作り、学び合う授業を受けることができました。また芸術学部でダンスや音楽を学び、大学でのダンスパフォーマンスに向けて指導教官と学生たちとアイディアを出し練習を積み重ねて、大学の講堂のステージで公演したことも貴重な体験でした。

授業で人間性心理学、精神分析や行動療法などを学ぶことで、さまざまな角度から自分と向き会うことができまし

た。さまざまな心理学や心理療法の授業を受ける中で、アートセラピーや表現アートセラピーの授業がありました。授業では、アートセラピーのパイオニアたちについて、歴史、理論、事例を学ぶとともに、学生自身がアートセラピーを体験的に学ぶことができました。大学でアートセラピーの授業を受ける中で、期待していた以上に、アートセラピーというものによって自分を深く探求する手ごたえを感じました。

ＳＳＵの授業では、パーソンセンタード表現アートセラピーの創立者のナタリー・ロジャーズ先生の直弟子の先生や、ベイエリアで活躍するアートセラピストから直接授業を受けることができました。表現アートセラピーの授業では、ビジュアルアートのみでなく、ムーブメント、ダンス、ドラマ、詩など、さまざまなアート媒体を使ったセッションが行われました。

例えば、目をつむりながら、身体の感覚に意識を向け、手にした粘土に触れながら、自由に制作するワークでは、手の感触、匂い、音など五感を研ぎ澄ませ、だんだんとふだんは開かない心のドアが開かれていくことがわかりました。そしてそれは言葉を超えた形で私自身の心と体を通して、自分と交流する貴重な時間となりました。ナタリー・ロジャーズは、現代人は言語を重視して考え、悩むため、言語のみの心理療法のアプローチではなく、非言語的アプローチとして表現アートセラピーが大切であると言っています。

専門家への道

アメリカでＳＳＵを卒業後、資金を作るために日本に一年間ほど帰国して福祉施設で働いた後に、カリフォルニアのサンフランシスコにあるＣＩＩＳという大学院の修士課程で臨床心理学と表現アートセラピーを学ぶことにしました。私が学んだＣＩＩＳの表現アートセラピーの修士課程の特徴は、表現アートセラピーのパイオニアたちからの授業が受けられることや、家族の治療、カップルの治療、子どもの治療、トラウマ治療、精神疾患の治療など、異なる対象や疾患に応じた表現アートセラピーによる臨床を学ぶことができることでした。

十五人のクラスメイトとは、ほとんど一緒に同じ授業を受けて三年間を過ごしました。大学院の三年間（ＣＩＩＳの修士課程は三年間）は遊ぶ時間もなくハードでした。臨床心理学の知識に加えて、事例や実践的な学びが多かったです。学生たちの間で特に人気があった先生は、ナタリー・ロジャーズ先生でした。ナタリーの行うパーソンセンタード表現アートセラピーを体験し、深く感銘を受けました。ナタリーが、カウンセリングのデモンストレーションで、クライエント役の生徒の話を温かい表情で見守りながら耳を傾けている姿は、今も忘れられません。

大学院在学中には、臨床の実習が必修で、私は地域のメンタルヘルスサービスで、中学生、小学生の児童、幼稚園の幼児、親を対象にカウンセリングや芸術療法を行いました。大学院では臨床心理学、表現アートセラピーについて多くのことを学んだのですが、実際に臨床の場面では初めてのことばかりで戸惑いました。

その後、二〇〇一年に日本に帰国してから、大学や教育機関で講師を務め、クリニック等で心理士の仕事に就きました。また幸いにもナタリー・ロジャーズさんのお弟子であり、SSUの先輩である小野京子さんに声をかけていただき、表現アートセラピー研究所のトレーニングコースに講師として関わることができました。日本ではアメリカのようにアートセラピーが医療領域で普及していないため、病院でアートセラピーの仕事を探すことは困難でした。しかし幸いにも病院やクリニックなどの医療現場で、さまざまな形で表現アートセラピーの臨床を行うことができました。現在は大学（学生相談）や小学校（スクールカウンセラー）、精神科病院（アートセラピー）で心理臨床（カウンセリング等）を行い、大学で表現アートセラピーを教えています。

おわりに

四人のそれぞれの表現アートセラピストによる自身の体験、そして表現アートセラピーを実際どのように使っているのかを読んでいただき、皆さんが表現アートセラピーの実践と臨床を理解していただくのに役立つことを願っています。四人とも今も進化成長を続けています。

日本ではセラピーという言葉から、「病気の人のためのもの」「私には関係ない」という反応をされることがまだまだ多いです。私がトレーニングを受けたカリフォルニアでは、三十年以上前ですが、かなり多くの人が気軽にセラピーを受けていました。そこでは三人に一人はなんらかのセラピストであると言われているくらい、セラピーが盛んでした。日本でもセラピーの利点が理解され、カウンセリングも含め、アートセラピーを多くの人が気楽に受けられるようになるとよいと思っています。

また私は、一般の方が読んでもわかりやすい電子書籍を出版するプロジェクトを行なっています。その第一弾が『アート表現で自己開花――頑張ってきたあなたへ、アートで次のステージへ』、第二弾が『アートセラピーは面白い――生きるのをもっと楽しくしたいあなたへ』です。第三弾は共著で、教育にアート表現を用いるアーツ・インテグレーションについて書きました。『アート表現で成績を上げ人生を成功させる方法――アーツ・インテグレーション』です。電子書籍ではたくさんカラー写真も載せられますし、一冊一時間以内で読めるのも特徴です。一般の方々にもセラピーのよさを理解してほしいと思います。

たくさんの子どもたちやお母さんが、セラピーや表現アートセラピーを気軽に受けられるようになるとよいと思っています。いつかそんな場所を表現アートセラピーの仲間たちと作りたいと思っています。

出版が決まってから四人の原稿がそろうまで四~五年かかってしまいました。見守って下さった誠信書房の編集者、小寺美都子さんに心より感謝いたします。

二〇二四年二月

小野京子

飯森眞喜雄（編）(2011). 芸術療法．日本評論社.
野島一彦（編）(1999). グループアプローチへの招待．至文堂.
小此木啓吾・深津千賀子・大野裕編 (2002). 心の臨床家のための必携精神医学ハンドブック．創元社.
小野京子 (2005). 表現アートセラピー入門――絵画・粘土・音楽・ドラマ・ダンスなどを通して．誠信書房.
小野京子 (2011). 癒しと成長の表現アートセラピー――EXPRESSIVE ARTS THERAPY．岩崎学術出版社.
Rogers, N. (1993). *The creative connection: Expressive arts as healing*. Science and Behavior Books.（小野京子・坂田裕子訳［2000］表現アートセラピー――創造性に開かれるプロセス．誠信書房）
Rubin, J. A. (1987). *Approaches to art therapy: Theory and technique*. Routledge.（徳田良仁訳［2001］芸術療法の理論と技法．誠信書房）
関則雄 (2016). 臨床アートセラピー．日本評論社.
瀬崎真也 (2007). 創造的アートセラピー．黎明書房.
Teglbjaerg, H. S. (2011). *Art therapy may reduce psychopathology in schizophrenia by strengthening the patients' sense of self: A qualitative extended case report*. Psychopathology https://doi.org/10.1159/000325025（2023 年 11 月 12 日取得）
Vinogradov, S. & Yalom, I. (1989). *Concise guide to group psychotherapy*. American Psychiatric Association Publishing.（川室優訳［1997］グループサイコセラピー―ヤーロムの集団精神療法の手引き．金剛出版）
山上榮子・山根蕗 (2008). 対人援助のためのアートセラピー．誠信書房.

日本ペインクリニック学会（2011）．国際疼痛学会 痛み用語 2011 年版リスト．http://www.jsPC.gr.jp/pdf/yogo_04.pdf
奥本京子（2017）．芸術と平和教育．平和教育学辞典 2017．kyoiku.kyokyo-u.ac.jp/gakka/heiwa_jiten/pdf/geijutu.pdf
小野京子（2005）．表現アートセラピー入門――絵画・粘土・音楽・ドラマ・ダンスなどを通して．誠信書房．
Syrjala, K. L., & Abrams, K. R. (2002). Hypnosis and imagery in the treatment of pain. In R. J. Gatchel & D. C. Turk (Eds.), *Psychological approaches to pain management* (pp. 187-209). New York: Guilford.

【第３章】

Castro, J. (2021, Febuary 2). How the brain reponse to beauty: Scientists search for the neural basis of an enigmatic experience. Scientific Amercan. Retrieved March 15, 2023, from https://www.scientificamerican.com/article/how-the-brain-responds-to-beauty/#:~:text=So%20what%20part%20of%20our,prefrontal%20cortex%20or%20the%20insula.
Estrella, K. (2005). Expressive therapy: An integrated arts approach. In C. Malchiodi (Ed.), *Expressive therapy* (pp. 183-209). New York: Guilford Press.
Eyberg, S.M., & Funderburk, B (2011). Parent-Child Interaction Therapy Protocol (Rev.ed). PCIT International.
Hass-Cohen, N. (2005). Secure Resiliency: Art Therapy Relational Neuroscience Trauma Treatment Principles and Guidelines. In J.L. King (Ed). *Art therapy, trauma, and neuroscience* (pp.100-138). New York: Routledge.
Knill, P. (2005). Foundations for a theory of practice. In P. Knill, E. Levine, & S. Levine (Eds.), *The principles and practice of art therapy: Toward a therapeutic aesthetics* (pp. 75-170). London: Jessica Kingsley.
Malciodi, C. A., & Crenshaw D. A. (Eds.). (2014). *Creative arts and play therapy for attachment problems.* New York: The Guilford Press.
Mcneil, C. B., & Hembree-Kijin, T. L. (2011). *Parents and child interaction therapy* (2nd. ed.). New York: Springer.
Resick, P. A., Monson, C. M., & Chard, K. C. (2016). *Cognitive processing therapy for PTSD: A compresive manual.* New York: Guilford Press.
Van der Kolk, Bessel A. (2014). *The body keeps the score: brain, mind, and body in the healing of trauma.* New York: Penguin Group.

【第４章】

Case, C., & Dalley, T. (1992). *The handbook of art therapy.* Routledge.（岡昌之訳［1997］芸術療法ハンドブック．誠信書房）
地域精神保健・法制度研究部（2021）．リカバリー．国立精神・神経医療センター．https://www.ncnp.go.jp/nimh/chiiki/about/recovery.html（2023 年 5 月 11 日取得）
Clinical Guideline (2014). *Psychosis and schizophrenia in adults: Prevention and management.* NICE. https://www.nice.org.uk/guidance/cg178/chapter/recommendations（2023 年 5 月 11 日取得）

小野京子（2022）. アート表現で自己開花——頑張ってきたあなたへ，アートで次のステージへ．電子書籍 kindle.
小野京子（2023）. アートセラピーは面白い——生きるのをもっと楽しくしたいあなたへ．電子書籍 kindle.
小野京子・檜森秀子（2023）. アート表現で成績を上げ人生を成功させる方法——アーツ・インテグレーション．電子書籍 kindle.
Pink, D. H. (2005). *A whole new mind: Why right-brainers will rule the future.* Riverhead Books.（大前研一訳［2006］ハイ・コンセプト——「新しいこと」を考え出す人の時代．三笠書房）
Rogers, C. (1961). *On becoming a person: A therapist view of psychotherapy.*（諸富祥彦・末武康弘・保坂亨共訳［2005］ロジャーズが語る自己実現の道．岩崎学術出版社）
Rogers, N. (1993). *The creative connection: Expressive arts as healing.* Science and Behavior Books.（小野京子・坂田裕子訳［2000］表現アートセラピー——創造性に開かれるプロセス．誠信書房）
Rogers, N (1993). *Emerging woman: A decade of midlife transitions.* Personal Pr.（柘植明子監修［1988］啓かれゆく女性——中年期における変革の 10 年．創元社）
Rubin, J. A. (1987). *Approaches to art therapy: Theory and technique.* Routledge.（徳田良仁訳［2001］芸術療法の理論と技法．誠信書房）
Scharmer, C. O. (2018). *Theory U: Leading from the future as it emerges.* Berrett-Koehler Publishers.
Taub, L. (2002). *The Spiritual Imperative: Sex, age, and the last caste.* Clear Grass Press.（神田昌典監訳［2007］3 つの原理．ダイヤモンド社）
Winnicott, D. W. (1971). *Playing and reality.*（橋本雅雄・大矢泰士［2015］改訳　遊ぶことと現実．岩崎学術出版社）

【第 2 章】

Boyd, A. (2016). *Beautiful trouble: A tool box for revolution.* New York: Or Books.
Furniss, C. K. (1998). The use of the expressive arts therapies in chronic pain management and treatment (Master's thesis, California State University, Long Beach, 1998).
原爆「黒い雨」訴訟を支援する会（2015）https://blackrain1.jimdo.com
Kasai, A. (2008). *Images of pain, images of pain relief: Multimodal expressive arts therapy and pain management.* (Master's thesis, California Institute of Integral Studies).
Kasai, A., & Yuasa, M. (2016). Out of the shadow: A collaborative arts performance for the black rain hibakusha. *Journal of Applied Arts & Health*, 7: 2, pp. 175-89, doi: 10.1386/jaah.7.2.175_1
Koff-Chapin, D. (2009). *The touch drawing facilitator workbook.* Langley, WA: The Center for Touch Drawing.
Medical Clown Project. (n.d.) www.medicalclownproject.org
Northeast Asia Regional Peacebuilding Institute. (NARPI). (n.d.). www.narpi.net
直野章子（2004）.「原爆の絵」と出会う——込められた想いに耳を澄まして．岩波書店.
NHK 広島放送局（編）（2003）. 原爆の絵——ヒロシマの記録．日本放送出版協会

文献一覧

【第１章】

Donovan, L. et al. (2012). *Integrating the arts across the content arias.* Shell Education.

Edmondson, A. C. (2018). *The fearless organization: Creating psychological safety in the workplace for learning, innovation, and growth.* Wiley.（野津智子訳［2021］恐れのない組織――「心理的安全性」が学習・イノベーション・成長をもたらす．英治出版）

Gardner, H. (1993). *Multiple intelligences: New horizons in theory and practice.* Basic Books.（黒上晴夫訳［2003］多元的知能の世界――MI 理論の活用と可能性．日本文京出版）

Hirsh-Pasek, K. & Golinkoff, R. M. (2016). *Becoming brilliant: What science tells us about raising successful children.* APA LifeTools.（今井むつみ・市川力訳［2017］科学が教える，子育て成功への道．扶桑社）

加藤洋平（2017）. 成人発達理論による能力の成長――ダイナミックスキル理論の実践的活用法．日本能率協会マネージメントセンター．

Kegan, R. & Lahey, L. L. (2009). *Immunity to change: How to overcome it and unlock the potential in yourself and your organization.* Harvard Business Review Press.（池村千秋訳［2013］なぜ人と組織は変われないのか――ハーバード流 自己変革の理論と実践．英治出版）

Klein, Jean-Pierre (1998). *L'art-thérapie.* QUE SAIS JE.（阿部惠一郎・高江洲義英訳［2004］芸術療法入門．文庫クセジュ，白水社）

Kyoko Ono (2018). Psychological growth through person centered expressive arts therapy training in Japan. *Person-Centered and Experiential Psychotherapies,* 17(2), 1-20.

Laloux, F. (2014). *Reinventing organizations: A guide to creating organizations inspired by the next stage in human consciousness.* Nelson Parker.（鈴木立哉訳［2018］ティール組織――マネジメントの常識を覆す次世代組織の出現．英治出版）

Malchiodi, C. A. (2020). *Trauma and expressive arts therapy: Brain, body, and imagination in the healing process.* The Guilford Press.

McNiff, S. (1981). *The arts and psychotherapy.* Charles C Thomas, Publisher.（小野京子訳［2010］芸術と心理療法――創造と実演から表現アートセラピーへ．誠信書房）

Merriam, B. S. (2008). *Third update on adult learning.* Jossey-Bass.（立田慶裕，他訳［2010］成人学習理論の新しい動向―――脳や身体による学習からグローバリゼーションまで．福村出版）

中山芳一（2018）. 学力テストで測れない非認知能力が子どもをのばす．東京書籍．

中山芳一（2020）. 家庭、学校、職場で生かせる！自分と相手の非認知能力を伸ばすコツ．東京書籍．

小野京子（2003）. パーソンセンタード表現アートセラピーにおけるからだ．人間性心理学研究，21(2), 253-260.

小野京子（2005）. 表現アートセラピー入門――絵画・粘土・音楽・ドラマ・ダンスなどを通して．誠信書房．

小野京子（2011）. 癒しと成長の表現アートセラピー――EXPRESSIVE ARTS THERAPY．岩崎学術出版社．

【編著者紹介】

小野京子（おの・きょうこ）

米国カリフォルニア州立ソノマ大学大学院心理学専攻修士課程修了、European Graduate School Advanced Study 修了。前日本女子大学特任教授。国際表現アートセラピー学会認定表現アートセラピスト、臨床心理士。

現在、表現アートセラピー研究所代表、NPO アートワークジャパン理事長。

［主な著訳書］

『癒しと成長の表現アートセラピー』（岩崎学術出版社、2011）、『表現アートセラピー入門―絵画・粘土・音楽・ドラマ・ダンスなどを通して』（誠信書房、2005）、ショーン・マクニフ著『芸術と心理療法』（誠信書房、2010）、ナタリー・ロジャーズ著『表現アートセラピー』（共訳、誠信書房、2000）、『アート表現で自己開花：頑張ってきたあなたへ　アートで次のステージへ』（Kindle 版、2022）、『アートセラピーは面白い：生きるのをもっと楽しくしたいあなたへ』（Kindle 版、2023）、他

【執筆者紹介】

笠井　綾（かさい・あや）

カリフォルニア統合学研究所（CIIS）イースト・ウエスト・サイコロジー研究科博士課程修了、カリフォルニア統合学研究所（CIIS）カウンセリング心理学・表現アートセラピー専攻科修士課程修了。カリフォルニア州認定心理士（LMFT）、公認心理師。

現在、宮崎国際大学国際教養学部准教授。

［主な著書］

『平和創造のための新たな平和教育：平和学アプローチによる理論と実践』（共著、法律文化社、2022）、他

ジョーンズ美香（じょーんず・みか）

日本大学大学院芸術学研究科修了。レスリー大学大学院表現アートセラピー専攻修士課程修了。ヨーロピアン大学院表現アーツセラピー博士課程修了。マサチューセッツ州認定心理士（LMHC）。Parent and Child Interaction Therapy 公認心理士。Trauma Focused Cognitive Therapy 公認心理士。

現在、マサチューセッツ州にある表現アーツセラピーセンター、Art Relief のクリニカルスーパーバイザー。専門はトラウマ療法における表現アートセラピーの応用。

濱中寛之（はまなか・ひろゆき）

カリフォルニア統合学研究所（CIIS）カウンセリング心理学・表現アートセラピー専攻科修士課程修了。臨床心理士、公認心理師。

現在、東京学芸大学非常勤講師・保健管理センター非常勤カウンセラー（特命教授）、日本女子大学非常勤講師、立教大学学生相談所非常勤カウンセラー、西八王子病院表現アートセラピスト、東京都スクールカウンセラー。

現場《げんば》で活用《かつよう》する表現《ひょうげん》アートセラピーの実際《じっさい》

2024年 4 月 5 日　第 1 刷発行

編著者　小 野 京 子
発行者　柴 田 敏 樹
印刷者　日 岐 浩 和

発行所　株式会社　誠 信 書 房
〠112-0012 東京都文京区大塚 3-20-6
電話 03-3946-5666
https://www.seishinshobo.co.jp/

印刷　中央印刷　製本　協栄製本
検印省略　　落丁・乱丁本はお取り替えいたします
ISBN978-4-414-41703-6 C3011　Printed in Japan